Como Cocriar um Novo Estado de Consciência

Transição Humano-Crística, Longevidade e Imortalidade

Carmen Balhestero

Como Cocriar um Novo Estado de Consciência

Transição Humano-Crística, Longevidade e Imortalidade

Editor:
Wagner Veneziani Costa (*in memoriam*)

Produção e Capa:
Equipe Técnica Madras

Ilustrações:
Antônio Diniz

Revisão:
Ana Paula Luccisano
Neuza Rosa

Dados Internacionais de Catalogação na Publicação (CIP)
(Câmara Brasileira do Livro, SP, Brasil)

Balhestero, Carmen
Como cocriar um novo estado de consciência :
transição humano-crística, longevidade e imortalidade / Carmen Balhestero. --
São Paulo : Madras Editora,2024.

ISBN 978-65-5620-095-8

1. Autoajuda 2. Esoterismo 3. Fraternidade

I. Título.

24-219905 CDD-133

Índices para catálogo sistemático:
1. Autoajuda : Esoterismo 133
Eliane de Freitas Leite - Bibliotecária - CRB 8/8415

MADRAS EDITORA LTDA.
Rua Paulo Gonçalves, 88 — Santana
CEP: 02403-020 — São Paulo/SP
Tel.: (11) 2281-5555 - (11) 98128-7754
www.madras.com.br

Agradecimentos

GRATIDÃO a Deus-Pai-Mãe pela oportunidade de servir à Luz nestes momentos de Transição Planetária.

GRATIDÃO ao Mestre Saint Germain, a Pena Branca e aos Seres da Fraternidade Branca pela confiança e pelas bênçãos na Família PAX e na Mãe Terra há éons.

GRATIDÃO à minha Família Terrena, base da minha Missão e Vida: aos meus pais André e Genny (*in memoriam*), às minhas irmãs, Vera e Cláudia, aos meus cunhados, Alex e Neto, e à minha estrelinha, Nicole.

GRATIDÃO ao meu companheiro há 30 anos, Clêudio Bueno, pelo Amor, paciência e Fé inabalável.

GRATIDÃO ao meu editor, Wagner Veneziani Costa (*in memoriam*), que publicou meus primeiros livros 33 anos atrás, pela confiança, e à sua linda família: Sonia Veneziani Costa, Bárbara Veneziani Costa e Giovanna Veneziani Costa, por seguirem firmes expandindo mentes por meio das publicações que atingem tantas pessoas ao redor da Mãe Terra.

GRATIDÃO aos amigos que compõem a Família Madras: Arlete Genari, Alexandre Holanda e Luís Carlos Costa. Ao Francisco e aos demais da equipe Madras, meu respeito por toda dedicação ao longo destes anos.

GRATIDÃO ao Reino Animal, que me fez conhecer o Amor Incondicional por intermédio dos meus sete Anjos de quatro patas, meus *huskies*: Aloha, Merlin, Star, Shasta, Orion, Sirius, Gaia (todos já estão nos Planos de Luz - 1995 a 2016) .

GRATIDÃO aos meus novos sete *huskies* que chegaram em 2020, que se multiplicaram e vimos nascer cinco Vidas em nossa casa durante a pandemia – eles têm alegrado e abençoado nossos dias com leveza, fortalecendo o sagrado da Mãe Natureza ao nosso redor: Namastê, Shanti, Jaya, Bodhi, Kalki, Raj, Sathya.

GRATIDÃO à direção, profissionais e voluntários da família PAX pelo amor, pela dedicação e pela amizade ao longo destes 43 anos (desde 1981).

GRATIDÃO A VOCÊ, que escolheu este momento para se transformar por meio das diretrizes do Plano Espiritual.

Juntos, cada um fazendo a sua parte, com certeza transformaremos nossas Vidas e a Mãe Terra, pois um mundo melhor, mais saudável, próspero e feliz começa com nossas escolhas a cada dia: começa comigo, começa com VOCÊ, começa com nossas DECISÕES. Seguimos juntos, meditando, trabalhando nossos corpos e cocriando uma nova realidade a cada instante nas Bênçãos de Deus e dos Seres de Luz.

Gratidão & Namastê: Família PAX, Família Madras, Família *Huskies*, Família Humana Sagrada.

Dias Iluminados com Saúde, Amor e Realizações,

Pax & Luz!

Eu Sou,
Carmen Balhestero

Índice

Parte I
Mensagens dos Seres de Luz

Mensagem de Pena Branca

Salve todos os reinos, salve a força da paz, salve o reino da luz, salve todos vós para que, na força do amor incondicional, possais continuar elevando vossas consciências para que todos os reinos reconheçam por meio da fé a energia crística da precipitação.

Que na força da bem-aventurança, possais sustentar o propósito divino, ancorando a sintonia de um novo ciclo, para que, pela luz do reequilíbrio, possais buscar a energia da Cocriação.

Neste novo tempo, que possais reverberar a irradiação mestra do vosso poder individual, para que na luz do silêncio e mergulhados no poder da verdade, possais reconhecer as grandes energias crísticas e potencialidades diante de vossas vidas no eterno agora.

Visualizai acima de vossas cabeças um grande sol dourado.

Que, na força do amor incondicional, possais continuar elevando vossas consciências para que todos os reinos reconheçam mediante a fé a energia crística da precipitação.

Que, na força da bem-aventurança, possais sustentar a autorrealização e manifestar a harmonia por meio da energia de um novo tempo, por intermédio da luz do equilíbrio, do amor incondicional e da precipitação.

Que possais atingir vosso propósito divino e reconhecer as grandes manifestações por meio de vossos esforços na chama da unidade eterna da perfeição.

Em nome, no poder e nas bênçãos de vossos guias espirituais nada devereis temer, todos os caminhos estão abertos pela força da luz, para que possais reconhecer as energias que determinam um novo ciclo, a partir da âncora do poder da paz. **Todos os caminhos estão abertos pela força da luz, para que possais resplandecer amor incondicional e sabedoria, disciplina e ideais na força da integração de novos valores que manifestam a paz.**

Em nome do todos os seres: vossos guias espirituais, que possais resplandecer as energias crísticas de perfeição.

Salve todos os reinos, salve a força da paz, salve o reino da luz, salve todos vós, em nome de Deus Pai Todo-Poderoso.

Eu Sou Pena Branca em vós.

Mensagem de Saithuru

Transição Humano-Crística

Amados Filhos, Eu, Saithuru, vos abençoo em nome do Grande Conselho Cármico, para que neste tempo de mudanças e novas escolhas, possais despertar rapidamente e atingir a vossa plenitude.

O caminho da iluminação não é longo, deveis apenas estar na sintonia apropriada, na irradiação do bom senso, da consciência, do discernimento e da sabedoria, da determinação e do livre-arbítrio. Assim, estareis cada vez mais próximos da alma e reverenciareis a oportunidade de ser a expressão viva do vosso livre-arbítrio em ação, para que tudo seja cumprido de acordo com a vossa vontade eterna.

Neste tempo de luz, que possais resplandecer as forças do vosso poder, na irradiação do vosso próprio potencial energético; e resplandecer as egrégoras crísticas de amor-sabedoria, logo, estareis aptos a reconstruir um novo tempo, para que juntos possais reafirmar a sintonia da vossa maestria em nome da paz individual e da paz planetária.

Todos os seres seguem as energias do fluxo da alma, porém o ser humano se esquece de que a energia da alma é mais potente do que a força da divisão da mente humana e, **neste tempo de transformação, devereis compreender como funciona a transição humano-crística,** para que assim possais redirecionar as vossas novas escolhas em nome do vosso equilíbrio que ancora o potencial em reescrever o direcionamento de uma nova realidade em sintonia com vossa verdade, atingindo a vitória na luz.

Vossa Chama Trina em vossos corações será trabalhada nos próximos minutos, para que possais compreender que **vossas decisões devem partir de vossos corações por meio da força da própria alma, na irradiação que traz o registro de vosso DNA na energia do selo da vossa identidade cósmica evolucional.**

Todos os seres passam por mudanças e atingem as energias que permeiam a irradiação da perfeição; e é de vital importância que possais descortinar este novo ciclo, cada vez mais aptos a fortalecer o vosso propósito e a reconhecer as oportunidades de amor-sabedoria, em nome da paz individual e da paz planetária.

Ancorados na certeza da vossa virtude, percebereis a importância do momento presente e compreendereis a **grande evolução cósmica que ocorre na vossa bem-amada Mãe Terra.**

O chamado soou, a humanidade ouviu, porém muitos ainda necessitam despertar para a boa-nova, para que a luz do poder do amor restaure a energia do equilíbrio físico, mental e emocional, e a fim de que todos atinjam a decisão e a determinação pela chama crística do amor-sabedoria, em nome da energia mestra da vossa própria elevação de consciência, na consolidação do vosso plano de luz, em vossa bem-amada Mãe Terra.

As camadas da vossa mente são ativadas de acordo com a vossa percepção, inspiração, práticas devocionais e meditações no silêncio.

Ativando a Chama Trina

Agora, ativaremos a vossa sagrada Chama Trina.

A sagrada Chama Trina é ativada pela infusão de luz do plano espiritual para a humanidade, a fim de que todos possam reafirmar o potencial da igualdade, reconhecer a luz que resplandece a força da harmonia e reaprender a caminhar na chama do reequilíbrio, e estareis aptos a reconstruir a vossa nova sintonia em nome da fé e da determinação, no chamado ao grande despertar e na força que revela o vosso propósito; em nome da vossa sintonia de celebração e comunhão com as irradiações ilimitadas, que mais uma vez favorecem vossa energia de autorrealização e a força que cumpre a vossa missão de alma.

Faço parte da Tribuna Cármica e com todos os seres que convosco também caminham nesta grande jornada terrena, somos responsáveis por Ativar a Nova Consciência Planetária.

A nova raça raiz não significa uma nova raça de seres humanos a vislumbrar uma oportunidade desde o nascimento até a passagem para outras dimensões, mas sim atuamos a partir da força e da determinação da Grande Tribuna Cármica, para que os seres humanos encarnados possam despertar a consciência crística; e transformar e transmutar os dispositivos mentais que trazem o limite a se autorreequilibrarem na chama que sustenta a luz e a harmonia, no fortalecimento dos princípios da verdade, em nome da vossa sintonia de Cocriação em ação; e estareis certos de que todas as energias despertam, de que todos os seres são a força da expressão viva da unidade, para que, juntos, possais continuar cada vez mais próximos do vosso caminho na determinação em servir a luz e a misericórdia, o amor-sabedoria do reequilíbrio em nome da paz individual e da paz planetária.

É momento de vislumbrar a vossa consciência sagrada, a consciência crística.

Sabemos que já ouvistes inúmeras vezes as divisões de vossa mente tridimensional racional, e a força atribuída ao ego-personalidade que aprisiona vossas vidas ao limite e a dor.

É momento de transcender essas irradiações e reconhecer que sois o potencial ilimitado, e manifestareis o sagrado e estareis determinados, prontos e dispostos a expandir a vossa vida em nome do vosso coração, para que todos atinjam, por meio da fé, o vislumbre contínuo das irradiações que resplandecem a força da sabedoria, a fim de que todos os seres sejam sustentados na grande espiral ascendente rumo à vitória na iluminação.

Que possais entender que vossas almas devem assumir vossas realidades cada vez mais, mesmo que seja de forma inconsciente, para que possais vislumbrar a determinação do sagrado.

Compreendemos as adversidades criadas pelo ego-personalidade e pela força dos conceitos errôneos que a humanidade tem escolhido nos últimos 30 anos. Apesar de toda evolução tecnológica e científica, ainda estais distantes da consolidação da vossa sabedoria e ainda não conseguis manifestar o reconhecimento de todo o vosso poder ilimitado em recriar um novo paradigma.

Este é o tempo de cocriar o que quereis manifestar, para que possais desempenhar vosso papel da melhor forma possível em vossa encarnação terrena, e compreender que o vislumbre da longevidade é uma realidade, bem como que a mudança da vossa consciência dispõe de todas as oportunidades e mecanismos para que todos sejam sustentados e iluminados, consagrados e abençoados pelas grandes forças rumo à vitória na Maestria, e rumo à energia que ancora todo o poder maior da unidade e da igualdade em nome da fé.

Sabeis que na vossa Chama Trina há a presença da irradiação de três cores, as matizes que trazem a fé e a determinação, o impulso inicial de um novo ciclo, a abertura de novos caminhos, o ritmo, a concentração, o fortalecimento da vontade divina, **e a vontade divina para a humanidade é o despertar da consciência crística,** a fim de que todos vivenciem a plenitude e a autorrealização, o sagrado e a manifestação, a força que traz o reequilíbrio e a unidade, a chama que sustenta a igualdade e o poder da fé, a força que magnetiza todo o potencial de redirecionar as vossas escolhas conscientes, para que possais vivenciar a vossa plenitude, reconhecendo que sois o poder da vossa liderança. Na sintonia da igualdade com todos os reinos, manifestareis o poder da vossa vitória e reencontrareis o redirecionamento da vossa fé, para que possais **professar a vossa palavra sagrada em nome da intenção que se torna ação; em nome do reequilíbrio que retorna ao sagrado; em nome da paz que se faz necessária; em nome da luz que se faz presente; e na consolidação da vossa missão de alma.**

A missão de alma de todos os seres humanos encarnados é a determinação do sagrado; é o poder da fé; é a luz do livre-arbítrio; é o limiar da consciência; é o chamamento do propósito divino; é a energia da transformação que assume a totalidade do sagrado e reencontra, por meio da fé, o princípio maior da determinação da sintonia da energia da igualdade.

O poder da luz de Deus é a irradiação que retorna para que possais estar aptos a reconstruir o vosso novo ciclo, e estareis reformulando os vossos pensamentos, sentimentos, as vossas atitudes, escolhas, manifestando a chama que ancora o vosso potencial divino e a luz do vosso poder; traz à tona a ressurreição de vossas energias.

Que possais compreender e vos relembrar de que o maior empecilho para a vossa iluminação, elevação e a vossa ascensão é o medo criado pelo limite do ego humano.

Para que possais transmutar essa irradiação, é necessário vivenciar a luz do amor, a coerência e a consciência, a força que traz a humildade e a integridade, a força que revela a elevação da vida em nome da chama que sustenta a harmonia e no ponto de apoio que ancora vossa própria sintonia de benevolência, a fim de que assim possais vos harmonizar e contar com a vossa intuição, bem como reafirmar a vossa chama crística por meio das energias que são redirecionadas; para que a luz do vosso amor incondicional assuma a totalidade da vossa vida, e estareis aptos a reconstruir a vossa nova sintonia por intermédio do princípio e do poder na vossa chama crística, em nome da vossa luz interna.

Todos os seres manifestam paz, todas as egrégoras escolhem luz, toda força do discernimento vos traz a sabedoria necessária.

Alicerçados na irradiação da chama azul, há a chama dourada da iluminação, da sabedoria, da consciência, do discernimento.

Saber escolher é o vosso grande triunfo, pois devereis estar aptos a reconstruir a vossa nova jornada, o vosso caminho, a reconhecer oportunidades, a desfrutar dos momentos felizes, a reorganizar vossas mentes e emoções, e redefinir vossos caminhos em nome da unidade. Então, sereis libertos de tudo que não mais condiz com o vosso novo ciclo e estareis determinados a recriar um novo paradigma mediante a chama crística da vossa perfeição.

O amor incondicional é a base que traz à tona em vossa Chama Trina o poder que permeia a unidade e a compreensão que abraça todos os reinos: mineral, vegetal, animal, hominal.

A humanidade deverá cada vez mais vivenciar a plenitude do amor incondicional, sustentar pela luz o poder da igualdade, e manifestar por meio do discernimento a determinação em sentir a sutileza e a força da leveza da vida.

Devereis continuar fluindo em sintonia com vossa alma por intermédio de irradiações e determinações, por meio do vislumbre e da consciência, mediante a iluminação, para que todos estejam diante do sagrado e reformulem a força motriz que ancora todo o potencial em reescrever e redirecionar a nova vitalidade da própria essência, por meio de cada alma encarnada que cumpre a sua missão individual e planetária em nome da vitoriosa conclusão.

Todos os seres buscam as energias e as respostas externas.

É momento de sustentar a força do silêncio; vos resguardar em sintonia com o que não vos serve; cumprir os vossos propósitos e objetivos em nome das energias que trazem o alicerce da vossa verdade.

A Chama Trina tem a função de harmonizar as vibrações do corpo tridimensional ao corpo crístico, ao corpo sagrado, ao poder da alma.

Quanto mais a humanidade despertar para essa sintonia, maiores serão as revelações e as grandes manifestações, e este é o tempo de mudar a consciência, de trazer à tona a sintonia da leveza, da sutileza.

A vida é o vislumbre do sopro divino; é a força do Criador; é a energia da respiração; é a sintonia que por meio de cada instante muda toda a perspectiva e a própria realidade.

Que possais orar e manter vossas intenções centradas na luz; reconhecer as oportunidades em nome da fé; redirecionar o propósito do vosso caminho em nome da vossa alma, e estareis fortalecidos em nome da unidade e centrados pela chama que reconhece todo o poder maior do amor compassivo e da determinação de um novo ciclo, em nome da vitoriosa conclusão.

Todos os seres ancoram luz, todas as frequências manifestam paz.

As egrégoras que retornam são as energias sagradas.

Cabe ao Conselho Cármico determinar quais são as funções da humanidade.

Porém, cabe ao livre-arbítrio humano reconhecer as oportunidades e trazê-las à manifestação no plano da matéria, e esse é o tempo da reconstituição das energias, das vossas leis e de vossas irradiações, no exemplo da passagem do bem-amado Jesus, o Cristo, e com a luz máxima da Ressurreição da humanidade, que reconhece a Luz Crística e não mais a força do limite. Centrados na chama da vossa verdade, atingireis a luz da vitória, e reconhecendo a sintonia do vosso poder, admitireis todo o potencial da vossa criação, para que possais recriar novos paradigmas, sustentar a vossa nova energia e etapa evolucional, bem como trazer a boa-nova da reconstituição da vossa encarnação em nome da paz e do equilíbrio, da força que é a sintonia que ancora todo o poder de fé e determinação em nome da vossa alegria, a qual, uma vez mais, traz a certeza que ancora a autorrealização consciente.

O Grande Conselho Cármico traz à tona a força do fogo da purificação, para que a humanidade transmute rapidamente todas as energias e pesos obsessivos, não necessários neste tempo tão leve de transformação e tão harmonioso de reequilíbrio planetário.

Que possais resgatar a vossa sintonia, ancorar o vosso poder, renascer em nome da vossa verdade e manter as irradiações da vossa mente crística e não mais ficar vos acusando, punindo ou julgando na sintonia de ego; que possais sustentar apenas a leveza mental, emocional e física.

Vossa vida é a sintonia que traz toda a soma da irradiação dos três campos energéticos vibracionais, a luz do vosso propósito serve ao alicerce da alma, a chama do vosso poder é a energia que reconhece vossa ressurreição. Ressurreição do passado, ressurreição de tudo que não serve.

Em 31 de dezembro de 2022, houve a Dispensação, uma Grande Bênção e Infusão de LUZ, atuando na Mente Crística de todos os seres humanos encarnados, ancorando a Perfeição. Desde então, Sois a vossa chama de Perfeição em Ação.

Visualizai vossa sagrada Cama Trina nas chamas azul, dourado e rosa, maiores que vossos corpos tridimensionais.

Que possais elevar a vossa mão direita para o alto neste momento.

Em nome, no poder e na bênção de todos os seres do Conselho Cármico, determinamos que a força da luz crística desça à vossa palma da mão direita para que possais reconhecer o poder da verdade, da fé, a determinação e o poder da manifestação; o poder do milagre, da inovação, do discernimento, do livre-arbítrio e do amor incondicional que abrange todos os reinos que despertam a chama que cocria um novo paradigma sustentado pela força do Silêncio.

Reverberando as energias da vossa sintonia de igualdade e ancorados na luz do vosso poder interno, reafirmareis vosso novo tempo em nome da Fé.

Em nome, no poder e na bênção de todos os seres, reativamos a vossa palma da mão direita para que possais receber todas as irradiações crísticas pela luz do vosso propósito divino.

Que possais colocar vossa mão direita sobre vosso coração e **ativar vossa sagrada Chama Trina** na chama azul-cobalto da fé, da determinação, da abertura de caminhos, do ritmo, da concentração, a força da ordem, da palavra sagrada que traz a vontade divina à tona, para assim vivenciar a justiça e a igualdade; forças que revigoram o vosso poder imemorável, para transmutar tudo que não mais condiz com este novo tempo de boas-novas que trazem à tona a luz da determinação, a fé e a força da harmonia em nome do poder maior que ancora a chama da perfeição individual e planetária.

Que possais inspirar e expirar, sentindo a vossa Chama Trina azul, dourado e rosa, que se torna maior que vosso corpo tridimensional neste momento.

Que possais agora colocar vossa atenção no centro do vosso cérebro, no qual existe um grande sol azul-cobalto que se expande, tornando-se maior que vosso corpo tridimensional.

Esse sol abraça a energia da Chama Trina em vosso coração a partir da fonte da vossa mente crística, que é a luz do Grande Sol Central e de Alfa e Ômega. Que a força do poder verdadeiro retorne ao espírito da bem-aventurança, à luz que renasce e à chama que determina um novo tempo, a luz do arauto da fé e da sabedoria, a chama do discernimento que reencontra no sagrado todo o poder que se aproxima por meio das irradiações do amor e toda sintonia de vida que intui, para que, juntos, possais ancorar a determinação do princípio ativo da vossa consciência em nome do poder da vossa verdade, vitória e determinação.

Que possais silenciar por alguns momentos, a fim de que atuemos em vós.

A força da Manifestação é ancorada na chama da verdade, na luz do amor incondicional, na justiça, na determinação e na fé; a luz da misericórdia é o potencial que manifesta a chama do perdão.

Para ativar a vossa consciência crística, que possais exercitar o perdão, perdão a tudo e a todos, nas irradiações do vosso potencial maior de paz, **para que possais suavizar vossos caminhos. Para atingir a vossa consciência crística, basta apenas colocar a vossa percepção e a vossa atenção no momento presente**.

Não mais devereis julgar ou relembrar fatos que são nocivos para o vosso desenvolvimento; colocando vossa atenção na plenitude do momento eterno, percebereis a importância da Mãe Natureza, a importância das energias da criação, o poder maior da fé, da luz e da determinação, bênçãos divinas que vos trazem a verdadeira força que inspira. Que possais ancorar a chama crística em vossa alma, nas bênçãos do Grande Arquiteto do Universo em expansão a cada instante de vossas evoluções. Assim, estareis aptos a reencontrar a vossa energia que desperta, a luz que renasce em nome da Fé.

Que possais inspirar e expirar três vezes, e que possais elevar a vossa mão direita para que possamos ativar a chama dourada.

Em nome, no poder e na bênção do grande Conselho Cármico, sustentados na luz do discernimento, da sabedoria, da consciência e da iluminação, que possais atingir, pela fé, toda a força da dignidade humana; que possais cumprir vossos propósitos em nome do Altíssimo; que possais exercer vosso livre-arbítrio, reconhecer as grandes oportunidades que determinam um novo alvorecer, e estareis aptos a reconstruir o vosso caminho na chama que determina vitória, verdade e simplicidade, em nome da força motriz que retorna, para que, cumprindo vossos propósitos, possais ativar a luz da vossa Inteligência crística, redirecionando todas as forças das irradiações da chama dourada em ação.

Em nome, no poder e na bênção de todos os Seres do Grande Conselho Cármico, ativamos as vossas palmas da mão direita com

a chama dourada da iluminação, do discernimento e da sabedoria, para que, por meio da consciência, possais resgatar o vosso eu crístico, fortalecer vossas encarnações na fé e redirecionar vossos caminhos no propósito maior que atrai todo o potencial ilimitado em resplandecer a chama da vossa energia de Unidade, no renascimento de um novo ciclo pela vossa vitoriosa conclusão.

Que possais colocar a vossa mão direita sobre a vossa Chama Trina em vossos corações.

Em nome, no poder e nas bênçãos de todos os seres do Grande Conselho Cármico, reativamos a vossa sagrada Chama Trina para que possais despertar e reafirmar o poder, atrair a sabedoria e o discernimento, atingir pela fé a força que permeia os vossos alicerces, e sereis a força da Cocriação em ação, pois a energia de cocriar se desempenha na sintonia da fé e na luz do discernimento; saber escolher é estar pronto para esse novo ciclo, a fim de que possais redimensionar a vossa certeza de que sois ilimitados, e vossas mentes ilimitadas atingem por meio da Chama Trina todo o potencial de cocriar um novo arauto para este novo tempo chamado: "O grande despertar".

Que possais inspirar e expirar três vezes, absorvendo a Chama Dourada em vossa sagrada Chama Trina.

Visualizai no centro do cérebro um sol na Chama Dourada que se expande, tornando-se maior que vosso corpo tridimensional.

A luz do alicerce da sabedoria e da iluminação vos pertence, a chama da sabedoria, da força e da fé que determina um novo limiar da consciência, a energia do propósito traz à tona equilíbrio, para que todos os seres sejam sustentados em nome da fé, e vislumbrem a energia que antecede e ancora o livre-arbítrio na unidade, a fim de que a vitória seja uma realidade rapidamente em todos vós.

Que possais silenciar por alguns momentos para que possamos atuar em vossos corações.

Que possais elevar vossas palmas da mão direita para o alto, a fim de **que possamos ativá-las na chama rosa do amor incondicional.**

Em nome, no poder e nas bênçãos de todos os seres do Grande Conselho Cármico, ativamos a vossa palma da mão direita na chama rosa do amor incondicional, para que possais vivenciar, manifestar, ancorar as irradiações de fé, determinar um novo ciclo, escolher um novo caminho, atingir a certeza da igualdade, redirecionar a força da vossa própria nova consciência e reedificar vossas células, moléculas, átomos, vivenciando apenas a plenitude do amor incondicional em ação.

Neste momento, todos os seres do Grande Conselho Cármico ativam a vossa palma da mão direita, para que juntos possais vos equilibrar por intermédio da luz do amor; reconhecer a força do propósito e da oportunidade, a chama da fé e da determinação, a luz do reequilíbrio e a força que ancora todo o poder da maestria e da igualdade.

Que possais colocar a vossa mão direita sobre vossos corações, sobre vossa bem-amada Chama Trina.

Em nome de todos os seres do Grande Conselho Cármico, reativamos a chama rosa cristal na vossa bem-amada Chama Trina, para que o amor incondicional impulsione a vossa verdade, manifeste a luz da fé e reencontre mediante o bálsamo da bem-aventurança a certeza da dignidade humana crística, a fim de que todos atinjam, por meio do amor e da sabedoria, a determinação de um novo propósito; e possam cumprir as leis da justiça e da igualdade, manifestar a certeza da leveza, harmonizar a vossa fé e atingir vosso objetivo em nome da vossa própria vitória, na iluminação individual e planetária.

Todos os seres têm o objetivo de servir a força da vida; por meio do vosso livre-arbítrio e da intuição, sentireis o melhor caminho para que, juntos, possais escolher viver a PAZ, reafirmando a certeza da vossa vontade na jornada eterna, o vosso potencial ilimitado e reconhecendo que sois o poder da vossa liderança crística em ação. **Em nome, no poder e nas bênçãos de todos os seres do Conselho Cármico, reativamos a vossa consciência crística AGORA.**

Visualizai no centro do vosso cérebro um sol rosa cristal que vai se transformando e ampliando cada vez mais, tornando-se maior que vossos corpos tridimensionais, em ressonância e em sintonia com a vossa Chama Trina em vosso coração. A chama rosa cristal permeia a luz da fé, atinge por meio da maestria a força da liberdade; atinge pelo livre-arbítrio a sintonia do amor; e manifesta, na luz da harmonia, o equilíbrio necessário para que toda raça humana possa cumprir o seu propósito, determinação e evolução por intermédio da humildade, da integridade, e na força que atrai, reescreve, redireciona e escolhe um novo caminho, a partir da harmonia e do reequilíbrio nas bênçãos do sagrado, mediante a força crística que transcende tempo-espaço, na luz da determinação, princípio da própria evolução e iluminação, individual e planetária.

Em nome de todos os seres, que possais vos resguardar e atingir as irradiações do vosso eu sagrado. Cumprindo vossos objetivos, redimensionareis o vosso novo ciclo e atingireis a vossa verdade.

Em 31 de dezembro de 2022, toda a humanidade foi reativada na Chama da Centelha Universal, recebendo as frequências da Consciência Crística; ocorreu a transição da vossa percepção humana para a Crística, para transmutar tudo que não mais vos serve, potencializando o poder da Cocriação.

Potencializar significa aumentar, trazer à tona a chama que amplia, a força que reverbera o chamamento do coração, a luz que ancora o poder da determinação, a chama do amor que ressurge pela fé e a luz do poder maior da unidade que inspira todos os seres a servir as irradiações mestras, as quais reorientam o novo propósito, em nome da força crística da percepção verdadeira. Visualizai todo o inconsciente coletivo da humanidade transpassado no poder da Chama Trina: azul, dourado e rosa.

As irradiações da Chama Trina permeiam todos os seres encarnados para que todos sejam sustentados em nome do amor e manifestem a chama da perfeição, reequilibrem suas vidas e corpos em nome da fé e da igualdade, manifestando todo potencial da misericórdia; e que, juntos, possais reconhecer as oportunidades ilimitadas do milagre e do chamado único, a vossa âncora que ressurge, a fim de que todos obedeçam às leis de Deus-Pai-Mãe e não mais criem artimanhas, mas que possam ser livres para obedecer às leis estelares interdimensionais e interplanetárias. Toda a força do cosmos atua neste tempo de transição, a fim de que a humanidade desperte e cumpra seu objetivo em reafirmar o poder, em rescrever a própria emanação viva de luz e reconsiderar os princípios por meio da chama da vitória. Ancorados na luz da vossa verdade, vereis ressurgir um novo tempo por meio do amor e da determinação, em nome da vossa sagrada Chama Trina em ação.

Em nome, no poder e na bênçãos de todos os seres do Grande Conselho Cármico, reativamos vossas mentes crísticas, despertamos o vosso eu mediante vosso registro akáshico, para que possais vos relembrar das energias felizes e prósperas de outras encarnações e desta própria vida, a fim de que, a partir deste instante, possais vos relembrar e reconhecer pela fé que toda grande Hoste Angélica brinda a vossa Unidade e manifesta, por meio da igualdade, toda chama que fortalece o preceito maior da vossa harmonia e considera a determinação desse despertar como o verdadeiro chamado para o momento crístico sagrado, no qual todos atingem a força que traz a luz da determinação e a decisão consciente.

Visualizai vossos Anjos da Guarda e toda Hoste Angélica alicerçada em vosso coração, vossa mente, sintonizada na vitória e verdade, em vossa encarnação terrena; e estareis cumprindo vossos objetivos, reafirmando a determinação e a decisão, e libertando-vos de tudo que não mais condiz com vosso novo tempo, para que, na luz da sabedoria, possais reencontrar a chama da fé e impulsionar a sintonia que retorna ao sagrado, manifestando igualdade, no fortalecimento do poder da Cocriação.

Cocriar significa manifestar. Que possais vos sentir livres e prósperos, que possais vos sentir saudáveis, pois sois irradiações das energias da vossa Presença Eu Sou em ação, e a Chama Trina vos relembra de que sois seres sagrados; por intermédio do alicerce da Presença do Pai, do Filho, do Espírito Santo, sois protegidos e estais seguros na força do vosso poder que abraça a luz do amor, reconhece por meio do discernimento a determinação, o propósito da abertura de novos caminhos e, assim, estareis aptos a reconstruir o vosso novo ciclo em nome da luz.

As dispensações crísticas são reveladas para que todos recebam as energias da Unidade, manifestem a força que ressurge e elevem as próprias consciências em nome da determinação. Nós vos amamos incondicionalmente e estaremos sempre convosco. Que possais reafirmar que sois seres livres e ilimitados e assim será. Amor e Luz,

Eu Sou Saithuru em vós.

Mensagem do Comando Ashtar

Amados irmãos e filhos, em nome do Comando Asthar presente, nós vos consagramos e abençoamos, para que, a partir das energias do vosso poder, possais reconhecer e reverenciar a vossa inteligência crística.

A Inteligência Crística é formada pela sintonia de vossas bênçãos nas irradiações das energias Perfeitas e Ilimitadas de Deus-Pai-Mãe.

Devereis ter predisposição para crescer, expandir a consciência, unificar as vossas vontades e manifestar a luz do vosso poder pessoal, e estareis aptos a resplandecer a Luz da vossa Presença Eu Sou em ação.

A Presença Eu Sou de toda a humanidade está sendo reativada neste tempo de transição, para que todos possam compreender a importância da força da união em sintonia com a verdade.

A verdade é a tônica e a base dos vossos preceitos, a âncora mestra que faz valer o amor-equilíbrio, a fim de que, juntos, possais reconhecer as grandes oportunidades de manifestá-las neste tempo de transformação e reafirmação do vosso poder do despertar consciente.

Que possais vos relembrar de que a partícula de Deus em vós é a força da consciência crística, é a luz da Presença Eu Sou, é a sintonia que ativa vossa energia, para que possais expandir vossos novos horizontes.

A vossa Inteligência Crística é a vossa alimentação verdadeira; o éter, o prana, o silêncio, a meditação, a prática devocional e a força que sustenta e eleva a consciência em nome da unidade eterna; deve ser exercitada para que possais aprender a nutrir os pensamentos de forma positiva. Alicerçados em vossos propósitos, reencontrareis a fé necessária para que possais continuar sustentados na visão de novos horizontes e manifestações.

Ter novos horizontes significa enxergar além do vosso planeta Terra, enxergar não apenas o vosso sistema solar e vossa galáxia, mas também os Multiuniversos que se aproximam desse processo de transição e de transformação.

Todas as energias e todos os seres conscientemente abraçam este tempo único, em que a humanidade deverá fazer valer a maestria e a ascensão; a iluminação individual e coletiva; o poder maior que reconhece a sintonia do amor; e a luz do propósito divino que retorna por meio do sagrado, para que todos os seres possam reafirmar o poder da Luz em ação.

Quando a Terra atingir a maestria e a ascensão, todas as outras formas de vida que aqui habitam também atingirão o patamar oitavas, acima de luz, para que possam reconhecer e resplandecer o reequilíbrio; manifestar o poder que sustenta a integridade; atingir a força do amor-perfeição; e manifestar a sintonia do eterno agora. Pelos preceitos e pelos princípios do vosso propósito divino, resplandecereis vossa fé, a fim de que todos os seres estejam diante do sagrado e reconheçam a grande oportunidade da própria vida em ação.

Que possais prestar atenção nas próximas palavras. A vossa alma é o vosso novo computador; não é mais o vosso cérebro, pois a alma não conhece as energias distorcidas, a alma é luz, é verdade, é amor incondicional, e a humanidade deverá retornar a esse sentido verdadeiro do amor incondicional e da verdade, pois quem não caminha nessas frequências ainda deverá atravessar turbulências terrenas. É momento de expandir vossa consciência acima do véu e reintegrar as irradiações da Hoste Angélica ao vosso poder pessoal, para que, mediante o poder dos Grandes Elohins, construtores de formas, possais reaprender a criar a vossa nova realidade nas irradiações que fomentam e sedimentam a sintonia da integridade dos valores humanos e a irradiação que reformula o caráter da humanidade, a partir da partícula viva da união, pela chama do sagrado na luz da manifestação.

Não devereis mais julgar. A alma não julga, não compara, a alma não compete. Portanto, vosso novo computador, daqui para a frente, será a vossa alma. Que possais sustentar a alma com energias e momentos edificantes, gloriosos nas irradiações da suavidade e da leveza, da harmonia e do reequilíbrio, irradiações que trazem a tenacidade do vosso potencial energético, vivenciando o amor incondicional.

Vós devereis amar vossas encarnações terrenas, pois, para cada filho da luz que nasce, outras almas esperam um corpo tridimensional para atingir a oportunidade da ascensão.

Vivenciais um momento de Cocriação e de mudanças por meio da Lei de Ação e Reação. A sintonia das cargas negativas já foram transmutadas em 1º de maio de 1954, quando vosso bem-amado Mestre Saint Germain assumiu a Era de Aquário nos próximos 2000 mil anos do vosso plano tridimensional.

Que possais aceitar que sois a força da Inteligência Crística.

A liderança da vossa alma está pautada na luz da verdade, no amor-misericórdia, na compaixão e na serenidade em vossas vidas.

Que possais reafirmar o vosso poder, unir vossas formas-pensamento e reativar a vossa consciência crística.

Que possais alimentar a alma por meio do amor, sendo, expandindo conscientemente e abraçando tudo e todos, e vivenciareis o sagrado e reformulareis vossas formas-pensamento, atitudes e novas realidades; cocriareis um novo tempo de forma perfeita e ilimitada, abraçando as oportunidades para vivenciar o momento presente.

O eterno agora é a força que fomenta a vossa luz, a energia que reconhece o vosso poder pessoal, a sintonia do indivisível que traz o vosso poder de misericórdia. O vosso eu é reflexo de vossas crenças.

Que possais abdicar das crenças errôneas, transmutá-las, e manifestar a chama do tratado crístico da verdadeira chama da persistência, a luz da disciplina, do ritmo, da concentração, da energia que emoldura o poder e o propósito divinos, para que todos os seres possam reafirmar o poder da unidade e permanecer cada vez mais centrados na luz da fé.

Que possais contemplar o espelho da vossa mente e espelho do vosso coração.

Sabeis que vossas vidas são reflexos daquilo que pensais e sentis, e é importante que possais prestar atenção em vossas formas-pensamento.

Cada elétron, cada partícula viva, cada fóton, cada célula, cada energia de vossos corpos, tudo isso cria, tem inteligência, e a Inteligência Crística é reativada não apenas no cérebro e no coração, mas também em cada partícula do vosso santo ser em vosso corpo, em vossa pele – o maior órgão do vosso corpo tridimensional.

Por intermédio do poder que traz à tona a luz do sagrado, todos os seres resplandecem reequilíbrio e manifestam o poder maior do silêncio, e mergulhados na certeza de que sois cocriadores, assumindo a responsabilidade perante cada escolha, criando vossa realidade individual e planetária a cada instante.

Este é o tempo da força da justiça e da igualdade. A irradiação do tempo-espaço está muito acelerada neste momento de transição, para que o vosso bem-amado Mestre Saint Germain cumpra o seu objetivo de Ascensão em massa da humanidade, em corpo tridimensional e em todos os reinos neste momento ímpar.

Decidimos isso em conclave, na celebração do Grande Conselho Cármico em 2022, em virtude dos reajustes energéticos da humanidade, bem como do despertar da consciência de muitos seres encarnados. Portanto, aceleramos dez anos o processo da evolução de todos os seres, para que vós possais desfrutar das vossas encarnações terrenas e compreender que para a mente não existem limites; para o sentimento não existem limites. É momento de curar a divisão da mente, a força que manipula as condições e as situações no processo da união de todos os seres. É momento de retornar ao sagrado.

Independentemente da prática de fé, todos os seres têm o mesmo propósito e o mesmo caminho: luz, amor, força, bem-aventurança, valores. É necessário usar o livre-arbítrio e manifestar o reequilíbrio dos corpos, físico, mental e emocional.

Que possais aprender a contemplar a energia da alma, da mente, no vosso corpo.

A contemplação é um grande exercício que reafirma vosso propósito, e vos torna aptos a reconhecer todas as dádivas e as bênçãos divinas, para que possais escolher e espelhar somente o sagrado na força da vossa existência e da vossa nova realidade. Devereis compartilhar tudo o que sois em nome da Verdade.

Que possais analisar funções e mudar o que é necessário, aparando as arestas, para que possais ser a chama viva da luz em ação.

Contemplar a verdade significa reafirmar o poder que demonstra o respeito mútuo e a determinação por todas as formas de vida existentes nos reinos mineral, vegetal, animal e hominal.

A luz do livre-arbítrio é a chama motriz que ancora o vosso poder.

Firmes na verdade, permanecereis cada vez mais fortes, sustentados pela luz da vossa fé inabalável.

Aqueles que caminham na verdade continuam trilhando suas jornadas em nome do poder ilimitado e recebem a grande colheita da manifestação consciente.

Aqueles que têm Deus como a Fonte Divina, a força que exprime e expande a voz de todos os seres, nada temem; e bênçãos ocorrem rapidamente para que a luz possa iluminar a mente, a vida e a realidade. Que todos possam desfrutar não só de uma bela colheita além dos portais interdimensionais de Syrius, que se abrem neste momento de transição, mas também de todos os portais interdimensionais dos universos em expansão.

Vereis que a força que eleva vossas formas-pensamento é justamente a vossa meditação. Centrados na luz do silêncio e para vos comunicar de forma diferente, devereis vibrar UNIDADE: a união de vossa luz interna, da vossa serenidade e da vossa intuição.

Todos os portais planetários estão à vossa disposição. Devereis compreender que vibramos juntos à humanidade, para que possais transmutar emoções e permitir que todos os seres se unam e mudem a frequência de todos os reinos hoje existentes no vosso plano tridimensional, atingindo Consciência Crística.

Todos os portais trazem à tona a vivificação da mônada, a luz do poder da alma reativada na luz da própria verdade e recebem uma grande ancoragem de amor crístico, para que a Inteligência Crística possa iluminar a raça humana, a fim de que todos os seres sustentem novos ideais e despertem rapidamente a um novo ciclo de poder verdadeiro, para que todos estejam aptos a reconhecer as oportunidades de serenidade e reequilibrados em nome da Fé manifestem a união de formas-pensamento e sustentem, por meio do propósito, o verdadeiro pilar que reafirma o potencial energético da unidade pela da energia maior do amor-misericórdia, mediante a entrega consciente ao poder da Presença Eu Sou.

Vós Sois o Poder da Presença Eu Sou em ação, uma das manifestações do Poder Crístico do Criador, a energia que faz com que toda a raça humana assuma o potencial de criar e cocriar, emoldurar e manifestar, remodelar e permanecer cada vez mais próxima ao amor e determinada a servir à luz do eterno. Reafirmareis o poder do sagrado e atingireis as forças que vos consagram, para que na elevação de vossas formas- pensamento possais readministrar vosso propósito na Luz da Verdade. Imbuídos na fé, que possais admitir que sois o poder da liderança e o potencial do livre-arbítrio, e que todos os seres manifestam luz.

Devereis reconhecer e transmutar energias tóxicas criadas por vossa mente dividida e sentimentos sintonizados com vosso novo ecossistema.

Enxergando possibilidades, potencializando energias, escolhas e manifestações, determinareis que este é o tempo da vossa bem--aventurança para criar um novo ciclo. Manifestareis as energias que reverberam LUZ; as partículas quânticas dos universos alteram vossas vibrações, a fim de que possais entender que cada célula é Inteligência Crística e que a vossa mente deverá se reajustar a todas as células do vosso corpo, para expandir a vossa Inteligência Crística e atuar com maestria em vossa vida terrena agora.

A Inteligência Crística apenas reconhece a chama do sagrado, a luz do poder que manifesta a força da verdade, a luz da grande Lua Central e do grande Sol Central que reafirmam a serenidade do servir com integridade. Trata-se do potencial do equilíbrio que sustenta a força motriz da harmonia dos corpos, para que todos reverenciem a vida e manifestem o poder, e reconheçam as grandes partículas universais como fontes inteligentes de vida.

Tendes visto irradiações que brilham quando estais meditando, ou mesmo com vossos olhos abertos. Essas energias são inteligências crísticas, irradiações que pertencem à vossa realidade, sintonia que se plasma no éter, energia viva.

Que possais imaginar quantas dessas irradiações tendes no vosso corpo tridimensional que formam o vosso corpo biológico, o vosso corpo físico sustentado pela irradiação do prana e do éter, pela respiração e pelo alento sagrado, pela sintonia da energia e do equilíbrio. É a força que eleva vossa consciência, atingindo novos ideais pelo poder da fé, que sustenta o reconhecimento da união, e pela unidade do espírito que manifesta luz que preserva a consciência, percebereis a grande importância de estar diante do vosso novo tempo e estar aptos a recriar vossos novos paradigmas. Curando a sintonia e aspectos do vosso eu tridimensional, atingireis a vossa consciência multidimensional, para que possais tocar o futuro e não mais viver no passado.

A força dessa transição planetária traz à humanidade o potencial de criar e modificar o próprio futuro, de acordo com o livre-arbítrio individual.

Vivenciais um momento atípico. Que possais expandir a consciência crística e não mais analisar fatos, simplesmente mergulhar no silêncio e pedir que o poder do Criador ative vossas células, moléculas, átomos, vossas energias e formas-pensamento, para que possais revigorar a sintonia da luz e manifestar, por meio das novas egrégoras, todo o poder maior da unidade, e percebereis a importância da vossa fé, assim, manifestareis tudo que vossas mentes possam conceber e que vosso livre-arbítrio consciente escolher.

É importante estar cada vez mais próximos das irradiações do vosso eu multidimensional que neste momento vislumbra o futuro, abençoa o passado e traz a força da serenidade que permeia vosso novo futuro em nome da fé.

Que todos os seres estejam diante do sagrado e manifestem a luz do amor-perfeição e a força da própria irradiação da prosperidade em ação.

A prosperidade pertence à raça humana.

Que todos os seres reconheçam o poder da fé e que possam se espelhar na luz do livre-arbítrio resplandecendo a chama do coração, manifestando a força do reequilíbrio e da perfeição, da abundância e da plenitude.

Cada vez mais próximos de vossos corações, readquirireis a energia necessária, para que possais reconhecer a chama da vossa luz interna e a irradiação da vossa Presença Eu Sou, assim, criareis prosperidade.

Vereis que a prosperidade é o reflexo da vossa energia sagrada, da vossa energia sustentada na força que se eleva diante do Cristo vivo, a energia crística, Inteligência Crística; a palavra é a mesma, porém a humanidade tem dificuldade de entender que todos são seres crísticos em corpos tridimensionais vivenciando a experiência humana transcendental, a humana multidimensional, a humana que reverbera o poder ilimitado da luz crística da Presença Eu Sou e, assim, atingireis a vossa Inteligência Crística.

Escolhestes estar conosco em sintonia, para que possamos ativar a vossa inteligência tridimensional. É de vital importância que todos os seres possam reconhecer o poder do divino, a graça do Eterno, o poder supremo do Criador e a grande oportunidade do vosso bem-amado Mestre Saint Germain, o qual sinaliza que este é o tempo da aceleração verdadeira – dez anos em vez de 2 mil anos –, para que a humanidade cumpra o seu objetivo e possa escolher escrever a própria história em nome da Paz, por meio do respeito mútuo e, assim, revigorar pela forma-pensamento a energia crística da força da perfeição. Desse modo, estareis próximos da determinação que fortalece vossas habilidades, a fim de que possais canalizar e expressar a vossa mediunidade; expandir a percepção extrassensorial; e reconhecer ilimitadas formas de vida neste e em outros universos em expansão por intermédio apenas do vosso deslocar do pensamento na sintonia da projeção da vossa mente onde está a Inteligência Crística.

Inteligência Crística não julga, não compara, a Inteligência Crística abraça, abrange, compõe, fortalece todos os vínculos e traz a solidariedade à tona, para que todos reequilibrem e manifestem, por meio da paz, a verdade absoluta em nome da sabedoria ancestral.

Todos os seres passam por desafios para que possam crescer. A aceleração desse tempo-espaço significa mudança consciente a fim de que todos possam reafirmar o poder verdadeiro e reconhecer a sintonia da autocura, manifestar a consciência crística e reivindicar a luz do reequilíbrio, reafirmar o poder da harmonia e resplandecer a chama da igualdade. Dessa forma, estareis aptos a manifestar a força do vosso eu; e, juntos, manifestareis a magnitude da vossa vitória na ascensão agora.

Que possais entender que existem inúmeros, incontáveis portais planetários, interplanetários e interdimensionais.

Mas o que vem a ser um portal? Um portal é uma abertura, é um novo tempo, é um novo caminho, uma nova percepção, uma nova inteligência crística trazida à humanidade, para que todos os seres compreendam a importância e a urgência de elevar a vibração do próprio corpo mental e a própria realidade interna diante do poder crístico da união, a fim de que todos os valores sejam reavaliados, transmutados e harmonizados e para que, por meio da fé, possais determinar que este é o vosso novo momento de introspecção; pela luz do vosso silêncio, reafirmareis o vosso poder e manifestareis a chama do vosso livre-arbítrio.

Todos os seres espelham a grandiosidade da alma e reafirmam o poder da paz, todos reconhecem a chama da luz e manifestam a chama do reequilíbrio.

É de vital importância que possais obedecer às leis universais mediante apenas uma única palavra: RESPEITO.

A humanidade se afastou do respeito mútuo e devereis sustentar o respeito mútuo, para que possais conviver com todos os seres, em todos os grandes orbes e em todos os planos de existência, em todos os grandes multiuniversos em expansão. Para isso, devereis reconhecer as oportunidades e respeitar vosso corpo físico, corpo mental e emocional, e respeitar a vossa alma; relembrar que agora o vosso computador é a vossa alma, pois a vossa alma é a luz do amor e da verdade, é a chama que resplandece a força que vivifica a chama do espírito, a sintonia que atrai todo o potencial do reequilíbrio e manifesta a luz da vossa verdade, para que, na chama da paz, possais reconhecer e resplandecer a sintonia do vosso novo caminho a partir do processo intuitivo em nome da vossa reconciliação com a vossa mente, com a vossa emoção e com a vossa realidade.

Que possais vos relembrar de que, para iniciar um novo ciclo, devereis perdoar o presente, o passado e o futuro, tudo e todos em vós e à vossa volta; eliminar e abrir espaço em vossos corpos físico, mental e emocional para este novo tempo, para a energia que vos traz a autocura, para a percepção da vossa fonte vital na luz do eterno agora, e que todos os seres manifestem a chama do espírito, e que todas as forças tragam a bem-aventurança. Na luz do vosso livre-arbítrio, que possais compreender todas as irradiações contidas na fé, e diante do sagrado, manifestai a força motriz da própria Verdade em ação.

Os portais planetários, interplanetários, interdimensionais e todas as fontes de reabertura da força da percepção extrassensorial verdadeira estão a serviço da humanidade, cada vez mais fortalecidos pelas irradiações da Inteligência Crística, a inteligência divina do Criador, o poder crístico, para que todos vislumbrem a consciência.

Que possais visualizar um sol, o sol Deus-Pai-Mãe, o poder do Criador, a Presença Eu Sou em ação.

Que possais visualizar raios de sol ao redor de toda a superfície do sol, os quais se expandem em todas as direções: norte, sul, leste, oeste.

Um raio, quando sai do sol, tem mais força. A ponta do raio não perde a força, a essência é a mesma. Porém, ativaremos a Inteligência Crística na ponta do raio de luz, local onde está a humanidade, pois a força ligada à Fonte é a sintonia mais próxima da fonte divina (Deus), e é a irradiação da própria alma.

Pelo registro akáshico, tendes essa ligação e essa sintonia com a fonte divina, todavia, nem todos os filhos da luz nem toda a humanidade encarnada compreendem como acessar o registro akáshico, como tocar a fímbria sagrada do poder do Criador. Queremos apenas que possais vislumbrar e esclarecer a importância da Inteligência Crística que não está na Fonte, está em vós, está na outra ponta do raio do sol, onde vós, humanidade, fostes cocriados, porque escolhestes estar em um corpo tridimensional limitado e não assumistes vosso corpo de luz em corpo físico. No entanto, Mestre Saint Germain traz a boa-nova de trazer a luz ao corpo físico, a fim de que a irradiação da bem-aventurança ocorra e para que a humanidade não mais se destrua nem perca mais tempo vislumbrando energias nocivas, e possa ESCOLHER vivenciar a plenitude, a autorrealização, a manifestação e o poder cocriativo.

Nós, todos os Seres Confederados Interdimensionais e Interplanetários, atuamos por meio da força eletromagnética, o que ativa a consciência humana e acelera o processo para que todos possam receber o poder da autocura de uma forma mais rápida.

Estaremos cada vez mais próximos da egrégora terrena, atuando em todos vós, para que todos os seres no planeta, nos reinos mineral, vegetal, animal e hominal, possam romper as barreiras do passado; reencontrar o caminho do alicerce do presente; e manifestar e criar um novo futuro de forma consciente, alicerçados pelas energias crísticas do amor incondicional. Neste momento, devereis ter clareza mental, para que, pelo vosso profundo estado de reflexão, possais cocriar a vossa nova realidade e estar centrados na chama do vosso poder verdadeiro.

Centrados na luz do equilíbrio e sintonizados no amor, manifestareis Paz; reencontrando a luz do Altíssimo, manifestareis a vossa luz interna; cada vez mais próximos do vosso poder de alma, reconhecereis e reafirmareis o poder da luz do amor incondicional em ação.

A humanidade se preocupa muito com a proteção contra cargas e energias nocivas e negativas. As energias desequilibradas, negativas, são criadas pelo ego humano de vós mesmos ou dos outros que convivem convosco, porém, aquele que vibra na luz do amor neutraliza toda a carga negativa.

Que possais vislumbrar a luz do amor incondicional e ser o poder do amor em ação. Assim, estareis convivendo com a vossa chama de persistência e força do livre-arbítrio, a luz da Presença Eu Sou e o reconhecimento da vossa alma, o poder da vossa fé e a ativação dos vossos chacras.

Nós ativaremos neste momento vosso chacra da base, vosso plexo solar e o vosso terceiro olho - chacra frontal –, a fim de que possais enxergar somente a verdade, vivenciar a verdade, reconhecer a verdade, resplandecer a luz da própria verdade em ação.

Que possais elevar vossas mãos para o alto neste momento. Em nome, no poder e na bênção de todos os seres, reativamos vossos chacras das mãos, para que possais sentir a nossa vibração em vós.

Que possais colocar a vossa mão direita sobre o vosso terceiro olho - chacra frontal –, encostando na vossa testa; e a mão esquerda sobre o vosso umbigo, no plexo solar, e que possais inspirar e expirar a força da chama azul-cobalto e a chama branca cristal, a fim de que, mediante a reativação do vosso chacra da base da coluna, e vosso plexo solar, vosso chacra das emoções, do vosso sistema nervoso, o poder do vosso cordão umbilical que vos sintoniza com todas as esferas e os multiuniversos em expansão, possais abrir e expandir vosso terceiro olho - chacra frontal –; e por meio da percepção extrassensorial enxergareis o vosso novo caminho, iluminareis vossa nova vida e estareis diante do vosso eu sagrado. Fortalecidos pela chama do reequilíbrio, concluireis que sois o poder da luz em ação.

Que possais sentir nossa Presença em vós. Envoltos nas energias de forma-pensamento, reencontrareis a força motriz da Unidade.

Cada vez mais próximos e determinados a servir o vosso coração, estareis aptos a reconstruir vosso novo caminho, determinados a ouvir a chama do eterno agora, reafirmareis o vosso poder e reencontrareis a luz, para que todos estejam diante do sagrado, fortalecendo e reconhecendo a Paz Interna.

Que possais neste momento colocar a mão direita sobre o centro cardíaco, a vossa glândula timo e a vossa mão esquerda acima da vossa mão direita, tocando vossos corpos tridimensionais. Que possais silenciar, para que possamos atuar em vós.

O chacra do coração vos traz a luz do amor incondicional, a chama que determina a perfeição, a força do arauto verdadeiro que eleva a vida, a consciência de unidade que faz valer as energias assertivas, a sintonia do sagrado que manifesta o propósito, a luz do poder que restabelece a perfeição, para que todos os seres estejam diante da energia maior do amor, e sejam a expressão e a expansão viva desse mesmo amor em ação.

Neste momento, fortaleceremos vossas habilidades de canalização e vossas habilidades mediúnicas. Que possais inspirar e expirar a chama dourada no vosso chacra cardíaco.

Em nome, no poder e na bênção de todos os Confederados da Luz, ativamos vossas glândulas pineal, pituitária e o timo, tireoide e todas as formas de vida pela irradiação do amor-perfeição, para que possais expandir a consciência e atingir a força motriz da Inteligência Crística, a fim de que, fortalecendo vossas percepções extrassensoriais, possais fazer valer vossas novas faculdades mediúnicas que transcendem vossa compreensão humana e que atingem a revelação da Unidade, para que, na força que determina um novo ciclo, possais perpetuar a consciência do amor e manifestar a luz da sabedoria, resplandecer a chama da Fé e renunciar ao passado, reconhecer a oportunidade do agora e vivenciar a plenitude. Desse modo, todos os seres vão estar diante do poder maior e, assim, manifestar Luz, Amor e Perfeição.

Vosso registro akáshico vos traz a criação de um novo futuro, a energia única, atemporal, a força que brinda a sintonia da celebração à Vida, a chama que comunga as energias de formas-pensamentos puros e perfeitos.

Acessando essas ferramentas, estareis aptos a reconstruir o vosso novo tempo, corrigireis erros passados, vislumbrando vossos enganos e escolhas errôneas, removendo todos os empecilhos e obstáculos; e manifestando autocura individual e planetária.

Vossa Mãe Terra e todos os reinos aqui existentes também passam pelo processo da ativação da consciência crística e, por meio da força que evolui no poder maior da Fé, e da chama que promove a confiança nos vossos relacionamentos tridimensionais, manifestareis o propósito da vossa vinda à Terra e da vossa missão individual.

O ser humano hoje desconfia de tudo e de todos. É importante ter Fé e Confiança uns nos outros, para que possais assim precipitar, manifestar, atrair e concluir que sois todos partículas vivas da mesma essência e do mesmo oceano do Criador.

A energia da alma é a força que reformula vosso novo tempo; é a chama da vossa própria luz; é a irradiação que cria abundância e plenitude, prosperidade e autocura; reafirma o poder da confiança em vossos relacionamentos e nas faculdades mediúnicas, a fim de que possais reafirmar o vosso potencial, canalizar as ondas vibracionais de paz e reconhecer as energias eletromagnéticas que estão à vossa disposição e ao vosso redor.

Que possais inspirar e expirar, para que possamos agora regenerar a vossa intuição.

A luz da intuição está centrada e localizada na chama do vosso plexo solar, a sintonia de vossas emoções.

A regeneração é uma forma de vida, é a irradiação que reinicia a cada ciclo o *momentum* de reaprendizagem, a força que restabelece o novo tempo, um novo início, uma nova energia por meio da harmonia, um novo alvorecer pela Fé, um novo impacto energético mediante a chama do Amor Incondicional, para que, na Luz da Misericórdia, possais transcender tensões e reconhecer as potencialidades do vosso caminho, assim, estareis aptos a criar a vossa energia crística, a abundância e a clareza mental.

Regeneramos vossas intuições neste momento, para que vós possais estar cada vez mais perspicazes em relação a vossas possibilidades em criar a plenitude e a luz que sustenta vossos novos caminhos e novos ideais. Por isso, conclamamos vossas presenças, a fim de que possais compreender que estais muito além dos portais de Syrius.

Syrius é apenas uma grande abertura para toda a humanidade.

Todo Universo brinda a vida humana, e quer participar da força da maestria e da ascensão encarnada em corpo tridimensional de todos os seres humanos hoje em vosso plano físico.

Que possais expandir a consciência e perceber que sois ilimitados na mente, na atitude, no coração e na razão crística, na qual está a vossa própria consciência crística, para que possais tocar as energias sagradas manifestando Luz em vosso plano tridimensional.

Que possais inspirar e expirar três vezes, para que possamos atuar em vós.

Em nome do poder do Deus, nas irradiações de todos os universos em expansão, visualizai à vossa frente o planeta Terra transpassado em todas as *ley lines* de toda malha energética planetária que, neste momento, abre novos portais interdimensionais e a força maior ilimitada para toda a raça humana; que oito bilhões de seres humanos encarnados recebam saúde, perfeição, Amor, prosperidade, abundância, relacionamentos perfeitos, autorrealização, discernimento, a fim de que possam sustentar, por intermédio do livre-arbítrio, a força e o reconhecimento da Presença Eu Sou, partícula viva da luz de Deus em vós. Dessa forma, atingireis toda a grande malha energética eletromagnética no vosso planeta, e de todo os planetas e de todos os multiuniversos em expansão deste único tempo em nome da Fé.

Visualizai todos os cristais do vosso plano tridimensional. Neste momento, reativamos todos os cristais do vosso planeta Terra, para que possam reafirmar o poder da harmonização do batimento cardíaco de todos os seres humanos com o batimento cardíaco do Espírito Gaia.

Todos os cristais potencializados recebem as informações do poder ilimitado, a fim de que possam atuar na raça humana e para que todos os filhos da Luz possam se entender por meio e além do vosso sistema solar, recebendo as verdadeiras mudanças nas irradiações estelares e celulares. Assim, daqui para a frente, podereis valorizar cada vez mais o vosso tempo.

Devereis vivenciar o eterno agora em total comprometimento; na luz da verdade; na chama do equilíbrio; no reconhecimento da luz sustentada pela Presença Eu Sou; na sintonia da fé que reúne vossas novas energias, para que assim possais aprender a criar um novo futuro e a vos relacionar com o vosso tempo de outra forma.

Não existem ensinamentos limitados, pois o tempo é a força ilimitada de Deus-Pai-Mãe e a irradiação do Eterno pertence a todos, sem exceção. Hoje a raça humana tem a grande oportunidade de vivenciar essa força sagrada da alma, reconhecendo e resplandecendo o poder do livre-arbítrio e reconstituindo as energias vitais, para que todos os seres expandam o poder do coração, reconheçam e manifestem as energias da permissão na união dos aspectos do vosso eu multidimensional; unindo vossas energias, diretrizes, vossas muitas irradiações e mentes crísticas, percebereis como é simples tocar a Inteligência Crística.

Estamos atuando em todos vós, e em toda a humanidade, trazendo-vos a Consciência Crística e a Inteligência Crística.

Aqueles que meditam, que são unos na frequência de Deus, tocam essa irradiação, e a atingem e a manifestam mais rapidamente, sem exceção, mesmo aqueles que ainda não despertaram para a própria luz da divindade em si, todos são agraciados pelos mesmos dons e valores por intermédio das energias do poder do Grande Arquiteto dos Universos em expansão, neste momento de transição e de transformação planetária, a fim de que todos possam reaprender a mudar as frequências dimensionais, interdimensionais, por meio da respiração, do livre-arbítrio, da Inteligência Crística, da luz que perdura, do poder que traz toda a extensão da vossa vida, para assim estar cada vez mais conscientes da determinação em servir o poder da reconciliação com o vosso eu.

A humanidade ainda não entendeu que deverá se reconciliar e perdoar o ego-personalidade e agir de acordo com a alma; no propósito da presença Eu Sou, reencontrar o caminho; e na luz do livre-arbítrio, restabelecer a sintonia de fé e, assim, manifestareis as energias que reequilibram; e manifestareis a força do vosso propósito em nome da chama maior da vossa percepção verdadeira, na unidade do espírito e na luz do eterno agora.

Visualizai acima de vossas cabeças uma grande Estrela de cinco pontas na chama azul-cobalto, prateada e dourada, que se expande, tornando-se una com vossos corações tridimensionais.

Que possais inspirar e expirar três vezes, expandindo essa grande estrela azul-cobalto, dourada e prateada a toda a humanidade, para que todos os seres recondicionem as formas-pensamento; manifestem paz, luz, amor, determinação; e reencontrem na chama de um novo ciclo e na força motriz da alma o poder da própria chama intuitiva, em nome da força da Cocriação do amor compassivo e no compartilhar da luz da verdade.

Que neste tempo de transformações, possais reconhecer que sois sagrados, assim estareis atuando em sintonia com energias mais elevadas da luz.

Neste momento, reativaremos todas as *ley lines* do vosso plano tridimensional.

Em nome, no poder e na bênção de todos os Confederados na Luz, todas as irmandades, todas as irradiações estelares, reafirmamos o poder da presença crística, da inteligência crística e do poder crístico de todos os seres, para que a grade eletromagnética planetária e todos os vórtices de poder do plano tridimensional sejam reativados no poder ilimitado do amor incondicional, a fim de que se cumpram na Terra e na humanidade a verdade, a vitória, a maestria e a união; a força da ascensão e da iluminação consciente, que determina a força do discernimento direcionada à Paz.

A expressão viva da vossa bem-aventurança é a energia que reafirma o potencial da vossa luz interna.

É momento de reafirmar o poder, reequilibrar vossas células, moléculas e átomos, para manifestar a chama que reconhece o potencial que vislumbra os universos em expansão e atrai todo o poder crístico que ancora a chama da magnitude, na força da perfeição.

Amados irmãos e filhos, em nome do Comando Asthar, nós vos abençoamos e consagramos neste tempo de transformações, decisões, mudanças e de um novo paradigma que sustenta a raça humana.

Sabeis que existem multiuniversos em expansão. Da mesma forma que a vossa consciência é centrada na chama do vosso corpo racional, também tendes dentro de vós energias invisíveis, túneis que vos transportam no tempo-espaço a partir dos preceitos do amor, para que, assim, possais não mais julgar, mas reencontrar o caminho da unidade e do respeito mútuo, por meio da vossa própria maestria na reconstrução de uma nova vida.

Todos os seres alicerçados na verdade buscam e saúdam as irradiações que reconhecem novas oportunidades.

Muitos são os caminhos para entender o universo, o cosmos, Deus-Pai-Mãe, a espiritualidade, a ciência, a metafísica, a força motriz da energia que traz à tona todas as equações que solidificam e vos transportam aos universos em expansão.

É fundamental que todos os seres humanos estejam aptos a reconhecer a força que atrai todo o potencial do equilíbrio; a sintonia que reajusta as frequências maiores de fé; e a energia que reafirma o potencial da igualdade, para que todos sejam libertos.

Viver a verdade absoluta é o renascimento de todos os seres a uma nova frequência, a fim de que todos possam atingir a longevidade e a imortalidade, e vivenciem a maestria e a autorrealização em corpo físico, para que possam sustentar o processo intuitivo e seguir as orientações da alma; para que a vida seja o fluir constante da força que manifesta a harmonia dos vossos corpos na consolidação de vossos sonhos e ideais.

Que possais vos relembrar: sois seres humanos em corpo tridimensional, vossa alma habita vosso corpo físico, vosso corpo físico tem a energia do direcionamento do cérebro e do coração.

Vossas frequências vibracionais estão cada vez mais alicerçadas nos multiuniversos em expansão. Todas as frequências vibracionais trazem luz; entoam o mantra da manifestação e da unidade e da energia da boa-nova de um novo alvorecer, para que todos estejam aptos a reconstruir um novo caminho e possam perpetuar a chama que faz com que todos estejam diante do sagrado, e reconheçam as grandes oportunidades de discernimento e determinação.

As leis universais são as mesmas para todas as formas de vida em evolução, em todos os universos em expansão.

A raça humana tem hoje a grande oportunidade da mudança da consciência física racional para a consciência crística, a consciência ilimitada na qual não existem tempo-espaço e presente; passado e futuro convivem ao mesmo tempo e simultaneamente com as irradiações da grade eletromagnética que, neste momento, permeiam vosso plano tridimensional, trazendo a tônica maior da unidade, do respeito e da verdadeira sintonia da colaboração e da fraternidade.

Todos os seres se erguem diante do sagrado, manifestam por meio da paz a energia que reaviva moléculas, células e átomos, e trazem à tona a determinação de um novo princípio.

Que possais discernir, determinar, reescrever e redirecionar a vossa nova etapa e todos os seres deverão estar aptos a considerar novas escolhas, para que não sejam conduzidos pela mente racional, pois a mente racional não tem alcance de enxergar os multiuniversos em expansão.

Na criação, todos são beneficiados e abençoados, consagrados e merecedores de receber o poder ilimitado da força da fonte suprema de Deus-Pai-Mãe, o Grande Arquiteto do Universo em expansão; basta apenas que cada qual possa elevar a vibração na energia da paz plena, reafirmando o potencial do discernimento e redirecionando a luz da própria alquimia, para que se cumpra em vós a energia mestra da unidade e do fortalecimento deste novo tempo.

De acordo com crenças, criastes realidades, com as escolhas das civilizações passadas criastes o caos. É momento de refazer a história humana, transmutar limite, dor e sofrimento, e de recriar um novo paradigma, para que todos sejam cada vez mais contemplados pelo compartilhar da luz e do amor, da paz e da bem-aventurança, do discernimento e da vitória, da determinação e do poder; a fim de que, potencializando as verdadeiras escolhas, todos os reinos se unam e possam reafirmar o potencial maior da transformação e da transmutação verdadeira.

Todos os reinos encarnados têm a mesma oportunidade, independentemente da prática de fé. Que possais vos relembrar: tendes o livre-arbítrio. O livre-arbítrio conduziu a humanidade a este momento.

Vivenciais um tempo completamente diferenciado daquele que planejastes no vosso passado.

Nós não temos o poder de interferir na vontade alheia, apenas trazemos as energias para que a humanidade compreenda que a intervenção divina acontece em forma de bênçãos e de irradiações, e as dispensações crísticas trazem à tona a consolidação do prana, do éter, a energia do pó das estrelas com as quais fostes criados; pois iniciastes vossas jornadas como partículas de luz em um corpo tridimensional e materializastes vosso corpo físico para crescer, evoluir e discernir, determinar e escolher, recriar e mudar vossas crenças e vossos novos ideais.

Este é o tempo de vivenciar a Unidade, para que possais compartilhar as energias que ancoram o vosso potencial de igualdade e, na força do vosso poder, reconhecereis todas as grandes oportunidades da mudança consciente.

Vivenciais um momento único. Ao mesmo tempo, é o fio da navalha, por assim dizer, como vós na humanidade vos acostumastes a se referir às energias das grandes decisões.

É momento de a humanidade decidir escolher vivenciar a luz e a força do amor ou continuará sendo prisioneira do ego-personalidade. A violência e as guerras não condizem com o plano da perfeição de Deus.

Os multiuniversos trazem as energias que irradiam todas as formas evolucionais em outros corpos celestes, em outras órbitas e em outras dimensões.

Que possais entender que dimensões diferentes existem também na vossa mente, porém ainda não foi desperta essa energia, mas será em um futuro próximo, para que todos os seres não confundam suas próprias evoluções, mas possam entender que a força da vida é atemporal.

Fazeis da vossa realidade aquilo que quereis administrar de acordo com vosso livre-arbítrio, discernimento, determinação, sabedoria.

Que possais estar conscientes das energias que neste momento retornam ao planeta Terra, para que, na luz do sagrado, possais reformular os princípios de vossas escolhas anteriores e reconhecer as oportunidades vindouras. Assim, sereis livres das ilusões do ego--personalidade e atingireis a vossa sintonia maior da harmonia e do equilíbrio, da paz e da bem-aventurança, no amor incondicional e na chama sustentada pela luz do reequilíbrio de todos os reinos, que manifestam a força motriz que ancora todo o poder verdadeiro da unidade individual e planetária.

Todos os seres buscam respostas externas, porém, devereis mergulhar na chama da intuição e, no processo da vossa consciência, determinareis que tudo é possível; a irradiação, que é a força motriz que, neste momento, descortina o novo *momentum*, é a sintonia do amor incondicional.

Tempo-espaço existe na vossa frequência de tempo e na força de vossos calendários, normas e leis, a fim de que haja uma disciplina, porém, a humanidade não respeita essa mesma disciplina.

A força atemporal de Deus-Pai-Mãe é o Cosmos, a força universal é o som universal, o *OM* que vibra por todas as vossas frequências e células.

Vossas células são livres, não são prisioneiras do ego--personalidade; da mesma forma que elas se recriam e se multiplicam e se modificam por meio da sintonia do amor incondicional e da energia da epigenética, devereis reafirmar o vosso potencial em recriar a vossa nova consciência mediante a visualização criativa.

A humanidade se dispersou nos preceitos de Deus, e é momento de revelar a vossa verdadeira manifestação daquilo que quereis viver; a força atemporal vos traz o bem-estar, a sabedoria, a elevação de vossas frequências, a manifestação de vossos ideais, para que possais vivenciar a plenitude na vossa autorrealização em corpo físico.

Esta é a primeira oportunidade oferecida a todos os seres encarnados na Mãe Terra, sem exceção, oito bilhões de seres humanos que vislumbram a possibilidade de vivenciar a plenitude e a autocura.

Que possais sustentar, por meio do vosso livre-arbítrio, toda a sincronia da energia motriz de um novo tempo.

Que possais visualizar dois funis, um para cima e o outro para baixo; assim é a força da grande ampulheta, o grande tempo, a força do cosmos, a energia que vos traz a vida, a luz do potencial que a cada instante vos possibilita a mudança radical de vossas evoluções, das vossas escolhas e da determinação do vosso novo caminho. Da mesma forma, esta visualização existe no vosso cérebro como uma energia atemporal, como um túnel do tempo, por assim dizer, que vos conduz ao passado, ao presente e ao futuro, encaminhando a humanidade ao tempo motriz da força que liberta; e sustentados pela paz, reconhecereis que todos os reinos são a expressão viva do livre-arbítrio que se ergue a uma nova dimensão crística, que é a força que abranda todos os reinos e abraça a grande oportunidade da manifestação da igualdade entre todos os reinos, mineral, vegetal, animal e hominal.

Nós temos atuado há eóns na humanidade, estamos cada vez mais próximos da egrégora tridimensional, para que todos os reinos possam receber o impacto destas energias. Auxiliamos esse processo de transição e transformação planetária, acelerando vibrações e equacionando a chama que harmoniza e reafirma o potencial da luz, e reconhece, por meio da própria sintonia interna, toda a energia que flameja a força da determinação de Deus-Pai-Mãe, a fim de que todos tenham a mesma oportunidade de atingir a maestria e a ascensão.

Retornando ao vosso cérebro: tendes a grande ampulheta, a força motriz do funil para cima e para baixo. Essa energia é a força que vos conduz aos multiuniversos em expansão; a irradiação da vossa consciência é responsável por vos colocar em outras dimensões; não é necessário estar em estado alterado de consciência induzido por qualquer substância química tridimensional, basta apenas silenciar, orar e manter a vossa atenção no vosso cérebro e, assim, estareis aptos a reconstruir a vossa nova energia e o vosso novo futuro, e a reconquistar a perfeição.

Todos os seres obedecem às leis universais, porém a raça humana geralmente se distancia das leis universais e quer criar as próprias regras, transcendendo as energias do poder ilimitado do Criador.

Vós sois cocriadores e vós sois ilimitados em vossas mentes. Então, que possais entender a importância de vivenciar o momento atemporal.

Não devereis mais ser prisioneiros de passado, presente e futuro. Devereis colocar toda a vossa atenção no momento presente e, logo, estareis recondicionando vosso cérebro, vossas células, vossos corpos, vossas realidades ao vosso novo tempo, à vossa nova etapa, ao vosso novo degrau, às vossas novas energias que se abrem diante de um novo alvorecer.

Que possais sempre buscar o silêncio, a vigilância, a constante prática da fé e as energias devocionais, para que possais sustentar, por intermédio da vossa harmonia, o equilíbrio.

Vês ao vosso redor muitos seres humanos que, por ocasião dos transtornos causados pela pandemia que criastes pelo inconsciente coletivo, ainda estão confusos e totalmente distantes da própria realidade do plano mental. Porém, muitas alterações vibracionais vão ocorrer no corpo físico, mental e emocional daqui para a frente, a fim de que todos sustentem a boa-nova da fé e da luz, da harmonia e da reafirmação do propósito divino em nome do amor incondicional. Dessa forma, estareis reafirmando vosso potencial de unidade e respeito mútuo que flameja a vossa consciência na chama que liberta tudo que não mais condiz com vosso novo tempo de paz, harmonia e determinação.

Que possais vislumbrar, pelos preceitos da vossa verdade, a força e a consciência da intuição, e na luz do mergulho constante por meio do silêncio, estareis reverberando as energias que enaltecem o poder criativo. Assim, ancorareis o potencial ilimitado em resplandecer vossa luz interna.

Todos os seres estão na mesma faixa vibratória para Deus: a energia da Luz, pois Deus só enxerga luz. Contudo, as outras camadas evolucionais têm a sua própria consciência, da mesma forma que vossas células também têm a própria consciência, e células disformes criam problemas e energias desequilibradas no corpo biológico dos seres humanos.

Para aqueles que seguem essas regras, tudo se torna possível; para aqueles que se dispersam e criam as próprias diretrizes, ainda estarão patinando na própria escada evolutiva.

Que possais compreender a importância das energias dos multiuniversos em expansão: eles se formam a cada instante e de acordo com a projeção de vossos pensamentos.

Da mesma forma que o planeta Terra e toda a evolução humana são uma projeção mental na mente de Deus-Pai-Mãe, vários seres estelares interdimensionais e vários avatares que venceram o mundo da matéria também criam multiuniversos, energias em sintonia com corpos celestes por meio do vosso sistema solar, vossa galáxia e de todos os universos em expansão.

Este é o momento do aprimoramento humano. Não devereis perder a grande oportunidade. Que possais discernir, acordar, despertar, manifestar. Este é o tempo de viver o AGORA, força motriz que vos eleva, sintonia que vos consagra, poder de Deus que vos abençoa com o grande direcionamento do vosso propósito, para que assim possais reafirmar o vosso poder pela intuição.

Dentro do vosso cérebro tendes túneis que elevam a frequência de vossos neurônios, e conduzem os elétrons e todos os impulsos eletromagnéticos à vossa forma-pensamento. A neurociência aponta as energias destrutivas por meio das palavras negativas e dos sentimentos tristes.

Que possais, então, buscar a elevação da vossa frequência vibracional na alegria e no amor incondicional, na chama que sustenta a força da fé e na atemporalidade. Reafirmai todo o vosso compromisso com a luz da harmonia e estareis sendo abençoados e consagrados, enaltecidos pela união de vossas formas estelares, na âncora mestra da perfeição individual e planetária.

A vossa vitória é a vitória do plano da luz. Que possais alterar vossas vibrações, simplesmente vivendo de forma leve, suave.

É assim que ocorre a real mudança. Vosso cérebro já está sendo alterado; devereis apenas vos relembrar de que estamos trazendo as frequências de luz, para que toda a humanidade desperte para o potencial de criar e vivenciar as bênçãos supremas da graça, da renovação, na alteração de todas as energias, a fim de que, modificando a realidade, possais recriar um novo tempo absoluto em nome da magnitude da força da igualdade, em nome da paz individual e da paz planetária.

Que possais apenas ser verdadeiros, manifestar o vosso *momentum* a cada instante presente, colocar vossas atenções no agora, e percebereis a importância das energias maiores que reformulam a sintonia entrelaçada ao vosso tempo-espaço e redirecionam vossas atividades e aptidões, para que possais vos sentir cada vez mais próximos da consciência divina; e na luz de Deus, fortalecereis as energias constantes e estareis ancorando a chama da determinação da fé; estareis aptos a reconhecer e resplandecer a Luz Interna, e atingir a Verdade no processo da vossa própria iluminação.

O estado de transcendência significa que devereis ir além dos vossos pensamentos e de vossas energias.

Nós trazemos as irradiações, porém, é necessário que a humanidade possa administrar a forma-pensamento, e modulando as frequências vibracionais, atingireis a fé, manifestareis a sintonia de um novo tempo, reafirmareis as equações crísticas.

Aquele que vibra amor está isento de problemas, aquele que age e atua com a própria verdade eleva o corpo crístico e atrai as bênçãos, em sintonia única com a própria luz interna.

Que possais reafirmar o vosso poder, sintonizando energias que trazem a força do tempo-espaço; e no processo da vossa própria iluminação, resplandecereis a chama da fé e atingireis vosso eu sagrado.

Que possais elevar vossas mãos para o alto neste momento.

Em nome, no poder e nas bênçãos de todos os seres, reativamos vossos chacras das mãos, para que possais abençoar, curar e fortalecer o vosso caminho; em nome da vossa felicidade e alegria, a força motriz da vossa sintonia crística da plenitude e abundância, da autocura do vosso poder pessoal crístico, para que tudo seja a força que reformula o vosso poder criativo em nome da paz.

Que possais colocar a vossa mão direita sobre a vossa testa; e que possais colocar a vossa mão esquerda sobre a vossa nuca.

Em nome, no poder e na bênçãos de todos os seres, reativamos as energias de luz e da força da vossa plenitude, para que, por meio das glândulas pineal, pituitária e hipófise, todas as irradiações de vosso corpo tridimensional atinjam a força que equaliza vossos chacras e corpos de luz, vossas energias e meridianos, a fim de que vossas vidas sejam o desdobrar constante do reequilíbrio, para que vossa paz seja restaurada e todos os seres rapidamente possam reformular preceitos e reafirmar o poder do equilíbrio e da unidade pela chama que traz à tona a luz do livre-arbítrio, a qual abrange todos os reinos, para que possam, mais uma vez, afirmar e reconhecer o poder de Deus em ação.

A luz da maestria vos pertence; que possais sentir a força do vosso poder interior.

Que possais inspirar e expirar três vezes, sentindo na coluna vertebral a verdadeira força do raio azul-prateado e da luz dourada que permeia vossos corpos interna e externamente, para que a força do despertar ocorra; para que a luz da paz transcenda a vossa compreensão; para que a chama da fé vos oriente; e para que vosso livre-arbítrio possa ser o bálsamo do vosso novo tempo. Assim, estareis aptos a reconstruir novas realidades, vivenciando o *momentum* atemporal, no qual presente, passado e futuro coexistem; e toda a humanidade vivencia a plenitude e a autorrealização, a harmonia e um novo tempo de luz, para que todos estejam desfrutando e compartilhando as irradiações que reconhecem oportunidades vindouras: o poder crístico da unidade pela energia mestra da vossa própria evolução.

Sois seres crísticos. Devereis reafirmar a vossa sintonia crística. Irei SILENCIAR por alguns instantes, para que possais sentir nossa atuação por meio de vossos corpos tridimensionais.

Em nome, no poder e nas bênçãos de todos os seres, reativamos vossos corpos, vossas vidas, para que assim possais estar determinados a servir as energias da vossa consciência crística.

A força do ilimitado vos pertence, o poder da fé renasce, a luz do amor é a energia da âncora deste novo Tempo de PAZ.

Que possais colocar a vossa mão direita sobre vossos corações; e a mão esquerda acima da mão direita.

Em nome de todos os seres, consagramos a vossa Chama Trina, para que possais ser o potencial do vosso novo alicerce por meio da união das vossas formas evolucionais, em nome da vossa maestria e em nome da vossa determinação.

Amor e Luz, somos unos convosco hoje e o seremos por toda a eternidade. Nós vos amamos e agradecemos.

Mensagem do Arcanjo Miguel

Amados Filhos,

Eu, Miguel, vos abençoo na luz da fé e da determinação, para que possais impulsionar a força crística da proteção.

É momento de paz e de revigorar o vosso propósito divino.

Alicerçados em vossos corações, reencontrareis o bálsamo da vossa nova sintonia, para que assim possais restabelecer novos padrões mentais e emocionais, vibrando oitavas acima de luz; reconhecendo as oportunidades vindouras e reafirmando vosso processo de transcendência; reencontrando todos os novos paradigmas e energias interdimensionais, a fim de que possais vos unir às irradiações dos universos em expansão pela vossa mente crística.

A luz do processo iniciático vos traz o caminho do discernimento, para que possais vos orientar por meio da chama da intuição.

Ativaremos a vossa telepatia e a vossa intuição, para que possais compreender a importância de estar cada vez mais próximos da luz da verdade.

Verdade é o poder da vossa fé e a chama que sustenta vossos novos ideais; energias que se reafirmam pelo poder do amor-sabedoria e da irradiação que retorna ao vosso eu sagrado, para que todos os seres sejam sustentados por meio do poder maior nas irradiações que transmutam tudo que não mais condiz com este novo momento das frequências de LUZ em vosso planeta Terra, a fim de que todos os seres despertem e, desse modo, os despertos compreendam a importância de vivenciarem a força da maestria consciente, e atingir a liberdade em todas as esferas na expansão da consciência.

Consciência é a palavra de ordem neste tempo de transformação, para que humanidade possa compreender a força motriz da criação da vida.

A consciência está alicerçada por meio da Mônada, a luz da alma, o poder da fé, a chama que neste momento vos possibilita a verdadeira manifestação de novos valores, para que todos os seres se espelhem na grandiosidade da vida e reencontrem, mediante o propósito divino, a energia que ancora o poder do equilíbrio e da maestria, em nome da força que restabelece o vínculo crístico do amor-sabedoria, na chama da vossa iluminação e da vossa própria perfeição.

A intuição vem da sensação que tendes em sintonia com o que vivenciais por meio de vossas realidades, por intermédio do aroma, do olfato, das vossas decisões, da elevação da vossa frequência vibracional inconsciente; nas energias que tocam a fímbria sagrada de outras forças e outros portais que se abrem a cada instante na evolução terrena. Assim, percebereis a importância de estar alerta, em sintonia com a vossa intuição.

A intuição é o caminho que abre vossas possibilidades da manifestação, e devereis treinar a intuição meditando, silenciando, ouvindo a vossa verdade e sendo a voz da verdade em ação.

A luz do vosso propósito serve às energias que reconhecem, no poder da fé, a luz que ressurge por meio da paz; a energia que mais uma vez revigora o vosso potencial em recriar um novo tempo que sustenta o equilíbrio, para que todos os seres ouçam a voz do amor incondicional e manifestem este mesmo amor a cada alento, na energia que determina este novo alvorecer. Então, percebereis a importância de reconhecer e reafirmar o vosso processo iniciático e estar cada vez mais próximos das energias de vossos corações.

A luz do poder do livre-arbítrio vos possibilita a verdadeira transformação consciente.

A energia da vossa fé é o alento desse vosso novo tempo, para que possais reformular vossos pensamentos, sentimentos, vossas atitudes e escolhas; e reconhecer o vosso potencial em restabelecer vossas novas metas, atitudes e escolhas concisas em nome do vosso objetivo maior, que é a paz, a ascensão e a chama da liberdade.

A liberdade está contida na mente. Quando sois livres para pensar, sois livres para criar e cocriar. Hoje, cocriareis novos padrões mentais.

Nós atuaremos e ativaremos vossas consciências, porém, cabe a cada um de vós, na luz do livre-arbítrio e no discernimento, atrair, pela fé, o propósito maior que redimensiona vossas energias e que realinha as vossas irradiações e preceitos, em nome do poder maior da vossa unidade; e cada vez mais centrados na chama da vossa paz, resplandecereis a luz do vosso poder e reconhecereis que o propósito maior é servir à Vida e servir ao potencial do Arquiteto do Universo, na luz do poder da vitória do Eu Sou o que Eu Sou.

Vossa ciência hoje revela mais fatos, porém, há muito mais a ser revelado para que a humanidade entenda e compreenda que a mente é o verdadeiro computador responsável pela realidade. Vossas mentes devem estar centradas no processo intuitivo que está ligado, bem como alicerçado, ao poder da alma; e estareis reagindo e reavivando as forças motrizes da vossa sabedoria ancestral que guiará vossos caminhos na luz do amor incondicional; e estareis aptos a reconstruir a vossa nova vida em nome da fé, redirecionando vossas novas escolhas em nome da vossa paz plena.

Acionando vossa consciência, manifestareis o vosso poder; reafirmando vossa chama de livre-arbítrio, reestruturareis vossos corpos e, assim, atingireis as energias que vos saúdam e percebereis o processo intuitivo: todos os reinos pertencem à força motriz da alma, e a intuição está alicerçada na alma. A alma é luz e verdade, é perfeição e equilíbrio.

As irradiações que vos desvirtuam desses preceitos são as energias e os ícones do ego-personalidade no mundo da dualidade, no mundo da comparação e da competição, da mente dividida.

É momento de retornar ao sagrado para que, na luz do vosso propósito divino, possais reencontrar o alento da vossa maestria e restabelecereis todas as irradiações que retornam pela fé, a fim de que todos os seres sejam agraciados e abençoados em nome da paz.

Visualizai acima de vossas cabeças uma grande Estrela de cinco pontas que se expande, envolvendo-vos completamente, para que possais ativar a vossa consciência crística; reafirmar o vosso propósito; e atrair e assumir vosso poder, atraindo as frequências vibracionais de luz e do poder ilimitado, reconhecendo as forças que ancoram o vosso potencial de amor-liberdade, e estareis centrados pela vossa própria fé.

Visualizai acima da Estrela de cinco pontas uma grande Espada de luz azul-cobalto flamejante que secciona, secciona, secciona tudo em vós e à vossa volta que não seja harmonia, paz, perfeição, sabedoria, para que ao caminho da iluminação possais retornar; e para que, por meio do vosso eu sagrado, possais proferir as energias de fé que redirecionam a vossa vida pelo alento maior da sabedoria e refirmam, por intermédio do livre-arbítrio, toda a chama crística de poder, para que na luz do discernimento possais determinar que este é o novo tempo, este é o novo limiar, e este é o *momentum* que esperastes há *éons*, a fim de que pudésseis estar conscientemente encarnados vendo a transição planetária, experienciando, participando, escolhendo, remodelando vossas mentes e vidas.

Remodelar a mente é palavra de ordem neste momento.

Devereis atingir a força das vossas novas formas-pensamento e de vossos novos padrões mentais.

Padrões mentais devem estar alicerçados pela chama intuitiva, pois a intuição vem da verdade, a intuição vem do amor de Deus, a intuição vem da egrégora da vossa própria alma, do propósito que vos preenche, e traz o alicerce maior da vossa luz interna; e percebereis que não existem obstáculos para aquele que reafirma o potencial da unidade e reconhece as grandes potencialidades e possibilidades em reverberar as energias da vida a partir do preceito maior da luz que sustenta a chama do amor e da paz, do reencontro do sagrado na chama da manifestação de um novo tempo.

É momento de reafirmar o vosso poder e conectá-lo com a luz da vossa essência.

Vossa essência é amor incondicional.

A humanidade se distancia da essência quando se coloca na força que presta a verdadeira homenagem ilusória à mente dividida.

Devereis retornar à consciência do amor incondicional, da unidade e do respeito mútuo, da fé e da força da misericórdia, do amor compassivo e da luz do perdão; e reintegrareis as energias que se expandem, estareis reafirmando a limpeza e a purificação de vossas formas-pensamento, em nome da decisão em servir à vossa verdade em nome da paz.

A humanidade necessita de nova base, de nova estrutura, de nova fonte, de nova energia; e a fonte não é externa, é interna, vem do alicerce de vossas consciências.

Onde está a consciência? A consciência está em cada partícula viva do vosso santo ser; em cada célula; em cada molécula; em cada átomo, não apenas na vossa mente. Porém, a humanidade ainda julga que a consciência existe apenas na cabeça. Não é verdade.

A consciência em cada célula vos provê a cura e a autocura, a energia da saúde e da plenitude, da harmonia e do equilíbrio, a transformação e a transmutação, a energia que faz com que possais sedimentar e pavimentar vosso novo caminho e reencontrar, por meio da vossa verdade, a chama maior que traz o processo intuitivo em nome de um novo alento, a fim de que todos os seres estejam diante do livre-arbítrio e reencontrem no eu sagrado toda a força maior inexplorada, que é a luz do vosso poder de alma.

A chama da vossa alma é o potencial maior da vossa verdade em ação, e devereis estar próximos da alma por meio da luz do silêncio na chama que reverbera a sabedoria; na fonte suprema da criação e da Cocriação; na luz que eleva todas as vibrações e atinge a força da consolidação de um novo tempo, e estareis aptos a treinar a vossa telepatia.

A telepatia não é adivinhação de pensamento; é estar apto a prever e antever fatos, situações e transmutar o que for necessário, para que o caos não ocorra.

A força da telepatia tem um grande alcance, abrange várias áreas dos vossos cérebros e devereis reafirmar o poder da vossa mente reconhecendo as funções de vossos neurônios, das vossas energias, das vossas glândulas e tudo o que compõe o vosso cérebro humano. Desse modo, atingireis a elevação da vossa vida à consciência maior que impera e no fortalecimento de vossos novos ideais; estareis aptos a resplandecer a chama da vossa própria fé sustentada na luz da vossa verdade que recria novos paradigmas em nome da vossa paz.

A luz do amor é a base, a chama da força da vossa entrega na irradiação do poder verdadeiro de Deus-Pai-Mãe; é a luz que irá vos sustentar, para que possais reavivar o vosso exemplo da energia da unidade e manifestar, pelo vosso livre-arbítrio, o reconhecimento que resplandece mediante vosso novo alento, na bênção que flameja a consciência, em nome do amor incondicional e em nome da vossa paz individual e da paz planetária.

Que possais neste momento prestar atenção na vossa fronte, na vossa testa, no vosso terceiro olho.

Ali está a abertura da vossa consciência a novos portais, a novas dimensões, a novas energias, a novos horizontes, ao poder da telepatia.

Devereis compreender que sois unos com as frequências vibracionais de todos os universos, de todas as novas dimensões e, por meio dos preceitos da vida, revigorareis as irradiações que se erguem. Diante da força de novos horizontes, estareis sendo sustentados pela luz do vosso exemplo; e erguidos e elevados pelas vossas frequências vibracionais, entoareis a unificação, abraçareis a grande oportunidade de vitória e revigorareis a luz da vossa própria intuição; e na chama da intuição, abrangereis a telepatia e compreendereis a importância de vivenciar o amor incondicional.

Nesse tempo de transição e na força do término de um ciclo de sofrimento, todas as energias da luz retornam, para que o potencial da manifestação ocorra e todos os seres, em todos os reinos – mineral, vegetal, animal e hominal –, possam ser sustentados pela luz da fé, reconhecer o livre-arbítrio que emoldura esse novo tempo, e reformular novos preceitos e atitudes em nome da paz, a fim de que todos, por meio da harmonia, possam fazer valer as leis de Deus-Pai-Mãe pelo sentido maior da unidade, no qual todos compõem os mesmos universos em expansão, vibrações e irradiações; e a mesma tônica que é a luz do poder do som, o poder da voz, o poder do amor, o poder da intuição, o poder da forma-pensamento, o poder da ação consciente, o poder da decisão em mudar a realidade na chama da consciência.

Assim, chegamos ao poder maior da vossa própria encarnação viva: a consciência.

A falta de consciência leva à destruição. É momento de retomar a força da consciência verdadeira. O que vem a ser a consciência? É a união das vossas formas-pensamento com a realidade retratada pela vossa própria chama do limiar do vosso livre-arbítrio e pelas vossas atitudes, ações, e pela vossa sintonia a cada dia.

Tendes várias geografias no vosso plano tridimensional, várias culturas e tradições diferenciadas, diversas crenças, manias e formas de sustentar o pseudoespiritualismo.

Que possais entender que é hora de retornar à Fonte, que é a luz sustentada pela fé, a luz da misericórdia que aponta vossos novos caminhos e preceitos, em nome das diretrizes e da solidez da vossa fé inabalável, no poder supremo do Criador. Então, percebereis que nada mais vos atinge, pois quando sois sustentados pela luz do livre-arbítrio e impulsionados por meio do amor na chama da paz, reafirmareis vosso potencial de unidade e restabelecereis as energias que sustentam a força motriz do amor-revelação, em nome da energia que permeia as irradiações da vossa própria simplicidade, com humildade, na irradiação que se curva diante do cosmos e preserva a consciência máxima da força sustentada na luz da sabedoria.

Sabedoria é encontrada em vossos ancestrais, nas energias dos primórdios da evolução e, acima de tudo, na fé.

Quando sustentais a fé, tendes todas as graças e bênçãos disponíveis, para que possais reconhecer as oportunidades e os caminhos, os portais e as diretrizes, as energias e as formas-pensamento, as irradiações ilimitadas e o vosso poder pessoal e, então, estareis aptos a reconstruir o vosso novo tempo. Alicerçados em nome da fé, reencontrareis o vosso caminho verdadeiro em nome da intuição e em nome da consciência.

Consciência é a força motriz que vos aponta a realidade. Consciência disforme atrai a energia do desequilíbrio. É hora de atingir a vossa consciência crística, a consciência da perfeição.

Essa consciência é atingida pelo vosso propósito; e no poder da vossa união, percebereis as irradiações que se fazem presentes para que possais remodelar, limpar vossos pensamentos, transmutar as energias e reafirmar o vosso poder inexplorado, pois todos os seres encarnados têm o poder crístico, e este poder se manifesta na validação do silêncio.

A humanidade ainda não compreendeu a importância da meditação; a importância do silêncio; a importância da entrega consciente ao poder supremo do Criador.

Aqueles que dedicam uns minutos do dia para o poder do Criador, recebem não apenas o bálsamo da colheita, mas, acima de tudo, o despertar da consciência crística, a energia que fomenta a irradiação da fé e a luz do poder maior, que atrai todo o potencial da chama que emoldura a irradiação do vosso novo tempo.

É momento de retornar ao sagrado, de fortalecer o vosso caminho e sustentar, por intermédio da fé, a sintonia que neste momento reafirma o poder crístico da vossa verdade. Assim, estareis em intensa atividade de luz; brilhareis cada vez mais a energia do propósito; atingireis as irradiações da vossa própria verdade; e não mais ouvireis muitas vozes, mas estareis alicerçados em vosso coração que ancora novos portais além do véu de maia.

As irradiações da verdade vos pertencem; a vossa mente é capaz de diagnosticar, de celebrar, de comunicar e assumir a totalidade da consciência em total plenitude, para que possais reafirmar o vosso poder e reconhecer as grandes oportunidades, bem como restabelecer o vínculo da vossa voz plena e reestruturar a vossa atitude, a fim de que, na energia da vossa paz, possais reafirmar o vosso potencial na luz no poder crístico da unidade eterna.

Neste tempo de transformação e neste momento de paz plena, que possais reafirmar o vosso propósito, reconhecer a sintonia da vossa energia e manifestar, pela vossa sintonia crística, a intensidade da vossa verdade; a intensidade da vossa fé; a intensidade do vosso livre-arbítrio. Desse modo, restabelecereis a conexão verdadeira com a vossa paz interna.

É imperativo que possais ter fé: fé no vosso poder; fé na vossa voz ativa; fé na vossa decisão; fé nas energias que restabelecem o vínculo constante da vossa luz, e reconhecereis o processo iniciático da vossa ascensão, restabelecereis o vosso novo combustível, que é luz, amor, manifestação, e estareis entregues às energias que elevam a vossa vibração à consciência maior em nome da vossa própria fé.

Visualizai acima da vossa cabeça uma grande Estrela de cinco pontas, na chama azul-cobalto e azul prateado; e, acima da Estrela, uma grande espada de luz azul-cobalto que secciona, secciona, secciona tudo em vós e à vossa volta que não seja harmonia, amor incondicional, paz e luz, para que possais restabelecer os vínculos supremos das energias do amor incondicional e da determinação de um novo tempo, a fim de que se cumpra em vós a reformulação de um novo caminho em nome de novos ideais. Convosco sempre estaremos e que possais reafirmar o vosso propósito divino em nome da fé.

Amor e Luz,

Eu Sou Miguel em vós.

Mensagem de Metatron

Amados Filhos,

Eu, Metraton, vos abençoo na luz e no poder maior, para que, juntos, possais reconhecer a vossa verdade.

Na própria entrega à sabedoria, manifestareis a luz do vosso livre-arbítrio, estareis aptos a resplandecer a chama da vossa atitude e estareis cada vez mais próximos da vossa intuição.

A intuição, alicerçada na alma e no poder do amor, é o vosso verdadeiro combustível para este novo tempo.

Para treinar a vossa telepatia, devereis ser verdadeiros e atingir, por meio da luz da verdade, o potencial da vossa Fé; reconhecer as oportunidades e resplandecer o caminho. Na unidade do espírito, reavivareis a chama do eterno e, na luz da vossa forma-pensamento, reestruturareis as energias do vosso novo ciclo, para que todos os seres atinjam, pelo poder maior, a unidade eterna. Reencontrai a chama do sagrado e manifestai o potencial maior da sintonia única ao vosso próprio potencial em reconhecer as oportunidades máximas da vossa própria luz interna.

É tempo de paz, é tempo de reavaliação, é tempo de explorar a vossa consciência crística e de reavivar a vossa própria luz interna.

A humanidade deverá retornar à sintonia da unidade.

Unidade simboliza estar cada vez mais perto de todas as novas dimensões que se aproximam.

Sabeis que muitos seres interdimensionais, interplanetários, convivem convosco há *éons*, e este é o tempo da reformulação: reformulação de valores, preceitos, princípios, atitudes, energias e das forças consonantes em sintonia com a vossa atitude interna.

É de vital importância que possais professar a Fé e sustentar, por meio da chama do vosso livre-arbítrio, a entrega que possibilita a mudança, a energia que reafirma o vosso poder sustentável e a sintonia que emoldura o vosso reconhecimento; sois seres de luz em um corpo tridimensional e estareis aptos a resplandecer a chama de uma nova egrégora em nome do amor-misericórdia na chama crística da perfeição.

Este é o tempo da manifestação, para que todos os seres rapidamente atinjam o poder do ilimitado e encontrem a força motriz que traz a bênção suprema da sabedoria, a fim de que todos estejam aptos a reconstruir um novo caminho; e, alicerçados pela chama da paz, possam reafirmar o poder verdadeiro na energia maior do Eterno.

A eternidade vos pertence. Tendes consciência da importância de vivenciar este momento único de transição planetária.

A humanidade tem a grande possibilidade de assistir, protagonizar, escolher, vivenciar e ser a força da transformação consciente em ação.

Nessa consciência que retorna, que possais reformular vossos preceitos e princípios e reavivar, por meio do vosso livre-arbítrio, toda energia que flameja a vossa consciência, para que na luz do vosso poder possais atingir as irradiações de sabedoria e, a partir da Fé, que possais reencontrar vosso novo caminho, em nome da energia que se rende à vida e manifesta a força motriz da verdadeira chama da iluminação.

Telepatia é a faculdade de ter condições de vibrar em várias dimensões ao mesmo tempo.

Frequências vibracionais vos auxiliam a detectar energias nocivas e favoráveis, a fim de que possais prevenir e transmutar fatos. Para afinar vossa telepatia, sugerimos a prática do silêncio, da devoção, vossas energias meditativas por meio do vosso eu sagrado, para que todos os seres recriem novas oportunidades, que removem e transmutam obstáculos, e redirecionam o poder maior da unidade que transforma.

Pela fé, manifestareis a força da simplicidade, a verdade e o reencontro com o vosso eu sagrado, e restabelecereis vossa forma-pensamento.

Que possais, neste momento, projetar uma pomba branca da paz em vossa mente.

Que possais agora ampliar essa pomba branca a toda a humanidade, para que todos preservem a consciência da unidade do espírito, a fim de que restabeleçam a chama da harmonia, reencontrem, no silêncio, a luz do equilíbrio e para que, mergulhados na força da verdade, possam reestruturar suas próprias realidades, a fim de que, por meio da luz da fé, possam, imbuídos na chama do amor e da fraternidade, reconhecer as grandes potencialidades dos universos que expandem a consciência transmutando trevas em luz.

Que são trevas? Trevas são os obstáculos colocados pelo ego-personalidade e pelos atributos do egoísmo e de todas as energias criadas por intermédio de forças da manipulação.

É momento de transmutar trevas em luz. O que vem a ser a luz? A luz é o amor incondicional, o poder crístico da força que traz e ergue a voz; que mais uma vez abrange, ilumina, abraça todos os seres encarnados e os convoca a servir as energias únicas ao poder maior coeso. Nas irradiações edificantes de um novo ciclo, manifestareis a força da vossa verdade; na energia que flameja vosso novo ideal, reafirmareis a chama da vossa luz e manifestareis as irradiações de vosso poder inesgotável nas energias ilimitadas, por meio da força do chamamento único ao vosso processo de transcendência.

Transcendência significa ir além dos vossos limites tridimensionais, para que possais ocupar novas funções e exercitar vossa telepatia e vossa consciência crística.

Para acalmar a mente, sugerimos práticas por meio da luz, no mergulho da meditação e na chama da vossa força devocional, e atingireis as irradiações da vossa paz interna. Mediante vossa luz de unidade, manifestareis o poder máximo da vossa própria vida em ação.

Envolvidos na Paz, reconhecereis luz, atraídos pela chama da verdade, manifestareis a força da vossa consciência, preservareis a intensidade da atividade da vossa luz interna e reafirmareis o vosso portal crístico, a luz da aceitação.

Aceitar é palavra imperativa neste tempo de mudanças e transição.

Todos os seres vivenciam exatamente aquilo que criaram, consciente ou inconscientemente.

Portanto, que possais retornar ao sagrado, manifestar o eterno, reafirmar o equilíbrio, sustentar a vossa voz interna, reativar a verdade e, por meio da luz, manifestareis as irradiações que vos harmonizam, potencializando vosso novo chamado. Nos próximos ciclos de vossas evoluções, estareis aptos a cocriar, manifestar, atrair plenitude e autocura, abundância, bem como a força da vossa fé sustentada pela chama da unidade eterna.

Conscientemente, devereis alterar vossos padrões vibracionais de forma simples e sagrada, na irradiação que reeduca o vosso poder de transformar e reconstruir vosso novo ciclo. Pela vossa elevação da vibração do nível de consciência, manifestareis tudo aquilo que vossas mentes possam conceber.

A vossa mente é uma arma poderosa, a arma mais poderosa existente.

É de vital importância que possais ter o vosso autoconhecimento e o autorreconhecimento.

Reconhecer a luz da vossa força, do vosso poder, enaltece a fé e reconhece o resplandecer do vosso novo caminho, a força da paz que revigora a unidade, a chama do amor-sabedoria que retorna. A intensa frequência vibracional da vossa paz interna é o poder maior que se expande, para que possais restabelecer a unidade do espírito mediante a luz que traz à tona a chama da vossa própria paz interna.

Sustentados pelas irradiações do vosso poder verdadeiro, reencontrareis no exemplo vivo a chama do vosso silêncio; manifestareis a vossa verdade; atingireis a luz da vossa própria unidade; e estareis aptos a reconstruir vosso novo caminho em nome da força maior da união das vossas formas evolucionais e na chama crística da vossa própria verdade absoluta em nome da paz.

Visualizai todo o planeta Terra transpassado em uma grande Estrela de cinco pontas, na chama azul-cobalto e dourada, que impulsiona a humanidade a atingir o poder da fé; readquirir o equilíbrio pela paz; reencontrar a luz por intermédio da sintonia, para que todos sustentem as energias máximas em nome do amor incondicional.

A força da paz é a energia que reconhece o vosso potencial de amor-sabedoria; a luz da vossa fé é a irradiação que vos eleva, para que conscientemente possais abraçar toda energia que reafirma o vosso potencial do poder ilimitado.

É momento de vivenciar a vossa chama crística, a luz da verdade que resplandece a vossa própria luz interna; reafirmando o vosso poder crístico, manifestareis a certeza de que sois partícula viva da Presença Eu Sou, e reconhecereis todas as grandes oportunidades e energias de vitória, a luz do vosso potencial que faz prevalecer as irradiações do vosso caminho. Assim, estareis ativando a consciência da perfeição e reestruturareis vossas irradiações mestras em nome do vosso eu sagrado, admitindo o vosso processo iniciático e restabelecendo o vínculo da vossa harmonia interna.

A partir do vosso livre-arbítrio, estareis aptos a reconstruir a vossa nova realidade, centrada na alma e no poder da força da espiritualidade, na certeza do caminho que ativa a vossa própria unidade. Unidade com todas as formas existentes.

É de vital importância que possais compreender que a mesma partícula viva da luz que traz a vida ao plano tridimensional, é a mesma que permeia todos os múltiplos universos em expansão e que agora se apresentam, por assim dizer, para a humanidade.

Que possais compreender que a luz verdadeira é a chama do amor incondicional; é a força da sabedoria; é a chama da misericórdia; é a energia que sustenta a força da fé; é a irradiação que se rende diante do discernimento; é a força do poder que possibilita a verdadeira mudança; é a irradiação de todos os corações sustentados por meio do amor-sabedoria e da força da própria chama de reafirmar o poder verdadeiro do Absoluto, a consistência e a consciência de que sois emanações vivas do Criador e, assim, devereis admitir apenas a luz da própria perfeição.

Vossas irradiações, vossos processos iniciáticos vos elevam, para que possais reaprender a padronizar vossas mentes e a reencontrar o vosso novo alento, uma nova forma de vivenciar a vossa verdade e a vossa realidade; recriar paradigmas e sustentar o vosso propósito; reafirmar a sintonia fidedigna com a luz do poder da criação e dos universos, para que possais não mais olhar as energias do vosso plano tridimensional, mas colocar vossas mentes no alento da criação, a fim de que o poder ilimitado de Deus vos abrace e traga a perfeição e o reequilíbrio em nome da vossa própria paz sustentada.

A Fé inabalável em vós mesmos deverá ser cultivada. Devereis continuar mantendo vossas atitudes concisas em nome das vossas práticas devocionais em cada momento do vosso novo direcionamento, para que, a partir do impulso inicial deste novo ciclo, possais ancorar a sintonia da maestria e da ascensão.

Ascensão simboliza estar livre do sofrimento, do limite e da dor, e este é o tempo de reconhecer a oportunidade da telepatia, da maestria, da intuição, alicerçar todas as possibilidades da premonição, para que possais antever fatos, situações e recriar vossas novas realidades.

Sabeis que hoje vivenciais a realidade virtual, porém devereis vivenciar a realidade real no vosso plano tridimensional, no vosso corpo tridimensional. Encarnados na matéria, o corpo biofísico traz as frequências vibracionais necessárias, para que vosso corpo de luz atinja as frequências interdimensionais, interplanetárias e, assim, acione a consciência ilimitada, porém vosso corpo físico é responsável pela vossa vida e pela vossa jornada terrena.

Que possais readmitir todo o vosso poder de equilíbrio e fé, manifestação e harmonia, para que todos estejam conscientes das irradiações que determinam este novo limiar e manifestem, pelo propósito divino, o alento maior alicerçado no reequilíbrio e na unidade que demonstra o vosso poder verdadeiro, em nome da força da iluminação.

Nas bênçãos de Deus-Pai-Mãe, que possais aceitar todas as diretrizes e sustentar, mediante vosso potencial ilimitado, a maestria e a abundância, a plenitude e o reequilíbrio, o amor incondicional e a verdade, para que todos os seres reafirmem, por meio do propósito, a energia máxima da alma, restaurem a luz da fé e manifestem a força que sustenta a harmonia; reequilibrem moléculas, células e átomos; e sustentem pela misericórdia toda a força motriz do amor compassivo, em nome da energia que permeia a irradiação do vosso livre-arbítrio, a fim de que, na unidade do espírito, possais atingir a força do indivisível e compreender o que é a real consciência.

Consciência é ver, analisar, sentir e saber que aquilo que vivenciais é a plenitude da força da perfeição. Esta é a real consciência que preserva os vossos preceitos e diretrizes, em nome do limiar da vossa consciência crística, em nome da perfeição, em nome da luz e do equilíbrio.

A unidade da paz retorna, a chama do amor-misericórdia ressurge, a força que fomenta vossos novos ideais é a sintonia da vossa liberdade de expressão.

A telepatia é palavra de ordem neste tempo de transformação, para que possais estar cada vez mais serenos, puros, límpidos, cristalinos e próximos da vossa verdade.

Aqueles que conseguem prever, antever, sentir e readmitir novas frequências de luz e reconhecer vultos, energias, aproximações energéticas; sutilizai vossas vibrações e vos aproximai cada vez mais das egrégoras dos mundos multidimensionais; vivenciai exatamente esse novo ciclo: presente, passado e futuro, vivendo no eterno agora, na energia deste novo limiar de consciência a partir dos preceitos maiores da vossa fé, atingindo a autorrealização.

Autorrealização simboliza estar livre do limite, reencontrar vosso propósito na consciência crística.

O padrão vibracional humano hoje ainda vibra aquém de irradiações e dimensões necessárias, para que possais sustentar as frequências da ascensão e da maestria em massa.

Porém, muitos são os seres que conscientemente abraçam diretrizes e despertam todos os dias, e nós estamos cada vez mais confiantes na raça humana, para que todos possam sustentar essas irradiações e potencializar a luz do reequilíbrio pela sabedoria. Na chama do discernimento, que possais revigorar as energias de fé e, assim, reencontrar o novo tempo na força que vos purifica e traz uma nova intensidade de luz maior, a luz do poder crístico de Deus, a energia da criação, o poder da cocriação, a energia que emoldura o reconhecimento, a sintonia da fé que abre os portais e todas as possibilidades para a vossa nova frequência que se ergue diante do vosso propósito, para que assim possais vibrar a vossa unidade por meio da luz da vossa própria paz sustentada.

Elevar a vibração pode ser um ato tanto consciente como inconsciente.

Devereis observar vossa alimentação, vossas formas-pensamento e vossa fé.

O mais importante, neste momento de transformação, é a fé, a crença inabalável no poder de Deus-Pai-Mãe e em vós mesmos, não na vossa mente egoica, mas na vossa alma, no poder crístico da vossa verdade, na luz da Presença Eu Sou, e estareis ativando a vossa consciência de determinação e reconstituireis vosso novo caminho; atingireis vosso novo propósito; iluminareis vossos preceitos, para que, na chama do vosso livre-arbítrio, possais reafirmar vosso poder de unidade, reconhecer e resplandecer a luz e manifestá-la, rapidamente, em vosso plano tridimensional.

Visualizai acima de vossas cabeças uma grande Estrela de cinco pontas na chama azul-cobalto que se expande, tornando-se maior que vossos corpos tridimensionais.

Que possais colocar a vossa mão direita sobre a vossa testa, tocando vosso corpo, e a mão esquerda sobre a vossa nuca.

Em nome, no poder e na bênção de todos os seres, reativamos vossos corpos para que, por meio da percepção extrassensorial, possais expandir a vossa consciência, iluminar o vosso poder e readquirir a necessária confiança, a fim de que, assim, possais brindar a vida e resplandecer a vossa fé nas irradiações de perfeição e livre-arbítrio, na unidade do espírito e no fortalecimento do amor, para que juntos possais compreender e caminhar cada vez mais próximos da luz da intuição, reafirmando a chama da vossa energia que celebra a comunhão da vossa sabedoria e a chama crística no poder maior da vossa iluminação.

Que possais inspirar a chama azul-cobalto e dourada, expirar a chama azul-cobalto e dourada, inspirar e expirar três vezes atraindo, por meio da vossa coluna vertebral e da vossa fronte e nuca, a reativação das vossas faculdades sensoriais, para que na percepção extrassensorial possais ir além de vossos olhos físicos, e reconhecer as oportunidades e reencontrar novos caminhos, mudar vossos preceitos, vossas diretrizes e atingir, mediante a luz, a vossa verdade absoluta em nome da paz e, conscientemente, estareis preservando a vossa consciência e manifestareis o sentido maior da vitalidade, da jovialidade, da juventude, da longevidade e da vossa própria verdade em ação.

A verdade é a base da consciência, bem como de toda a vossa existência humana.

Nós estaremos ativando vossas glândulas, vossos corpos e vidas agora, para que assim possais sustentar, pela vossa fé, o poder da vossa misericórdia. Basta apenas que possais parar por um minuto, desse modo, estareis reafirmando o vosso potencial por meio da luz, preferivelmente em horário de quadrante (6, 9, 12, 15, 18 e 21 horas), e devereis apenas envolver vossos corpos tridimensionais na Estrela Azul-Cobalto de cinco pontas, e fortalecereis o vínculo supremo do Pentagrama que vos traz a vida, a forma da geometria crística da verdadeira sintonia com todos os elementos da natureza: fogo, terra, água, ar e éter, e pelas energias que permeiam a Mãe Natureza, o Espírito Gaia, nas irradiações de vossa própria luz, manifestareis a reintegração de vossos corpos na chama do propósito divino, em nome da força que reconhece o poder da sabedoria ancestral.

Em nome de todos os Seres de Luz, nós vos amamos e reconhecemos o vosso poder e, acima de tudo, nós reconhecemos o vosso esforço em adquirir as energias necessárias, para que possais elevar vossos padrões mentais e, assim, sustentar a chama da vossa iluminação em corpo tridimensional.

Que possais reconhecer as oportunidades de fé e manifestar o sentido maior do princípio universal.

Percebereis a grande oportunidade de maestria e vereis que todos os seres vislumbram a tônica maior de um novo tempo, para que possais reafirmar o vosso propósito e atingir fé e determinação; todas as irradiações do amor-sabedoria retornam, para que todos rapidamente sejam a expressão da unidade, e manifestem, pela luz, toda a força que flameja a consciência da unidade eterna e da verdadeira força da manifestação.

Este é o tempo das graças, dos milagres, da verdadeira energia de paz, para que todos os reinos possam restabelecer o vínculo constante da união de formas evolucionais e possam ser testemunhos vivos deste novo tempo na abertura e em vossas consciências.

É de vital importância que possais determinar o vosso novo caminho, reafirmar a vossa sintonia; aptos a reconstruir vosso novo futuro, estareis restabelecendo a sintonia da vossa determinação em nome da fé.

Que possais prestar atenção em vosso cérebro. Vosso cérebro é a energia que vos eleva e mostra a realidade que quereis vivenciar a cada dia, a cada momento de vossas vidas, invocando por segurança e proteção.

A sintonia de proteção transmuta as irradiações do ego-personalidade e de todas as energias nocivas que ainda são mal qualificadas e não atingiram as irradiações máximas da própria luz.

A força da paz é a chama que sustenta vosso novo ciclo; a energia do amor-sabedoria é a irradiação que retorna; a força do vosso livre-arbítrio é a certeza de que sois cocriadores; as irradiações da força vital da vossa própria iluminação é o caminho da fé, que faz com que todos os reinos possam compreender que este é o momento único da verdade, e a luz da vossa maestria depende da vossa escolha.

A cada instante, tendes a oportunidade da mudança consciente. A humanidade está livre para atingir seus próprios objetivos, manifestar a luz do equilíbrio e atrair as irradiações da plenitude e da abundância, a autocura e a autorrealização a cada instante, na determinação do novo tempo em nome da paz.

Este é o *momentum* que todos esperávamos; a egrégora crística por meio de todos os Tronos de Deus traz à tona a verdadeira personificação da energia da unidade, a força motriz do poder do Governo Oculto do Mundo, a sintonia da energia maior da paz, a irradiação que eleva a frequência vibracional.

Trazemos a toda a humanidade as frequências, mas cabe a cada ser encarnado readmitir esse potencial e reconhecer as oportunidades vindouras em nome da fé, reconstituir as energias do sagrado e manifestar, pelo livre-arbítrio, toda a chama que orienta a sintonia que personifica o amor, para que todos estejam diante do sagrado e reafirmem o potencial maior da harmonia, celebrando todo o poder da Cocriação e da vitoriosa conclusão.

Quando observais o céu, existem muitos pontos luminosos; porém, não enxergais na realidade o que há em cada um desses pontos. Trilhões de pontos ou energias de multiuniversos convivem convosco por meio de vossos novos horizontes, nas irradiações da vossa mente, e por intermédio da vossa sintonia interna manifestareis a luz do vosso reequilíbrio e atingireis as bênçãos que manifestam a força da vossa sabedoria, a fim de que, na determinação do propósito da fé e do livre-arbítrio, possais discernir e reafirmar todo o vosso potencial em recriar um novo ciclo pela luz de Deus, na chama que preserva a vida e manifesta a unidade para um novo despertar individual e planetário.

As leis universais trazem à tona a verdadeira manifestação. É tempo de paz e vitória. Vivenciais um momento único de transcender tempo-espaço, de reafirmar a sintonia com vossa luz interna.

Não entrastes ainda na ficção científica, porém estais a um passo de adentrar a energia de outras irradiações e convicções.

Portanto, que possais sempre colocar vossa atenção na vossa imaginação e criatividade, na inovação e na visualização, e percebereis que o futuro se inicia em vossa mente. Por meio de vossa forma-pensamento, restabelecereis a sintonia do eterno; e na força que não julga, promulgareis as irradiações de um novo ciclo e manifestareis um novo tempo de PAZ.

Vários conceitos apontam para muitas diretrizes e energias que retornam no vosso novo ciclo.

Porém, é de vital importância que todos os seres possam reabsorver essas mesmas frequências vibracionais e compreender a importância desse tempo de fé.

Na luz do vosso propósito, obedecereis às leis universais e estareis aptos a reconstruir vossa nova realidade.

É desejo do plano espiritual, e da mente crística de Deus-Pai-Mãe, que todos os seres encarnados, sem exceção, oito bilhões de seres humanos, tenham uma vida disciplinada na luz do amor, na paz, no respeito mútuo e na fé; com dignidade e integridade, para que possam trilhar vossos caminhos em nome da autorrealização e da missão individual que equaciona esse tempo único, que ancora o poder maior ilimitado da mente crística em ação.

Fazeis parte deste grande tempo de transição: Paz Individual e Paz Planetária.

Vós escolhestes encarnar nesta época para que pudésseis ser arautos, exemplos, pilares, pontes entre reinos.

Que possais agir como tal; vosso corpos são treinados para obedecer à energia da alma, porém, vosso ego-personalidade ainda atua e tenta vos desviar das energias da vossa alma; e devereis, por meio do vosso livre-arbítrio, reafirmar vosso poder e não mais permitir que vossas distrações vos coloquem distantes da vossa nova realidade, que é a luz que sustenta vosso novo alicerce, o poder que atrai novos horizontes, energias que determinam as frequências vibracionais do novo tempo, para que na força do vosso potencial possais resplandecer a vossa paz interna, centrada na Verdade.

A energia de todos os seres abençoa a Terra com a força do Amor, para que todos desfrutem da dignidade humana, a fim de que todos resplandeçam a luz e o poder, na força da perfeição.

Que possais elevar vossas mãos para o alto neste momento. Em nome, no poder e na bênção de todos os seres, reativamos vossos chacras das mãos, para que possais abençoar e curar, e fortalecer vossas vidas em nome de uma nova etapa evolucional atemporal e ilimitada, para que tudo seja cumprido em nome da paz.

Que possais colocar vossa mão direita sobre vosso timo, no centro do peito, no vosso chacra cardíaco, e a mão esquerda acima da mão direita.

Em nome, no poder e na bênção de todos os seres, reativamos vossas energias crísticas, para que na luz do coração tudo se torne possível; para que, por meio da perfeição, possais reconhecer e resplandecer as energias do agora, reafirmar vosso poder na sintonia do equilíbrio e manifestar na luz do redirecionamento a chama do discernimento, ecoando as energias que preservam a vida e flamejam a unidade pelo espírito da bem-aventurança, em nome da paz individual e da paz planetária.

Todos os seres reconhecem e reafirmam o poder da luz, reequilibram as energias de moléculas, células e átomos, e atingem novas frequências eletromagnéticas que impulsionam um novo despertar.

Que todos os seres manifestem luz; que todos reconheçam a verdadeira mudança; e que todos possam desfrutar das energias de novos paradigmas, para que assim possais vos transportar além do tempo-espaço, reencontrar multiuniversos, observar novas formas de vida, encontrar o vosso verdadeiro eu que é vossa alma, o potencial da vossa Presença Eu Sou em vós.

Assim, estareis aptos a resplandecer apenas o sagrado e não mais estareis titubeando nas energias do ego-personalidade, mas vivenciareis a plenitude do vosso eu sagrado, para que, na força da vossa fé, possais resplandecer e reconhecer as energias que retornam, na força motriz da vossa própria luz interna.

Que possais inspirar e expirar a chama azul-cobalto e dourada três vezes, para que possamos atuar por intermédio de vosso chacra cardíaco.

Em nome, no poder e nas bênçãos de todos os seres, reativamos vossas glândulas, vossos chacras, vossas vidas, vossos corpos de luz, para que possais sentir a perfeição e observar vossa etapa evolucional; despertar para um novo tempo; e compartilhar as energias e as novas entradas de frequências de luz, na consolidação de um novo ciclo por meio de Portais.

Portais são portas interdimensionais, são energias do tempo-espaço; esses portais existem em vossas mentes, quando vossas mentes enxergam outras paragens, por assim dizer, outras dimensões, outras formas de vida. Portais existem no vosso plano tridimensional pelas energias que vos elevam e vos transportam a outro tempo-espaço; é momento de extrapolar a mente racional e atingir consciência crística, a fim de que possais transcender a vossa própria consciência, iluminar vossa vida e não mais racionalizar, apenas aceitar tudo aquilo que devereis ver e vivenciar nos próximos anos.

É necessário que a humanidade desperte e tenha a mesma oportunidade dos universos em expansão, e experimente as energias interdimensionais e interestelares das forças que vos trazem a irradiação da força mestra da verdadeira chave dos Universos, que é a luz da verdade e a chama do amor, que atrai o poder do espírito da confraternização e a sintonia, que reavalia o ponto maior da vossa paz interna.

Visualizai à vossa frente o planeta Terra, na chama azul-cobalto, para que todos os seres sustentem, por meio de luz, discernimento, luz, a qual, pela sabedoria, manifesta o poder da iluminação, reequilibrando moléculas, células e átomos, e atuem mediante a própria fé.

A vossa vitória é a nossa vitória. Caminhamos juntos, certos de que este é o tempo da grande jornada que traz a verdadeira peregrinação do não julgamento; é o momento da força crística da comunhão, da liberdade de pensamento e da força do amor misericórdia que se faz necessária para que todos sejam transmutados na Fé.

Em nome, no poder e na bênção de todos os seres, nós vos abençoamos, consagramos e agradecemos,

Amor e Luz,

Eu Sou Metraton em vós.

Mensagem do Arcanjo Samuel

Amados Filhos,

A chama da verdade é a âncora de todas as encarnações terrenas. Porém, a humanidade se distanciou da verdade, e é tempo de retornar ao sagrado, para que, juntos, possais continuar professando a vossa Fé e reencontrando os caminhos rumo ao Absoluto, em sintonia com a graça divina por meio de cada alvorecer.

Toda Hoste Angélica, bem como todos os seres da Fraternidade Branca Universal, vos orientam pelas dispensações crísticas, que são entradas de energias por intermédio de uma grande infusão de bênçãos em momentos específicos de vossas evoluções.

É tempo de vivenciar a plenitude do eterno agora, reconhecer a cada instante a força que se faz necessária, para que todos estejam diante do sagrado e sustentem as irradiações de um novo ideal.

A luz da paz é a base para este novo tempo, *a irradiação deste novo ciclo* trará a percepção verdadeira do reequilíbrio dos corpos físico, mental e emocional, para que, condizentes com as energias da tenacidade e da intuição, **possais reavivar moléculas, células, átomos, e reencontrar a chama da perfeição.**

Que possais transmutar as percepções errôneas de limite e dor; e na luz do amor, reverenciareis a onipotência da vossa paz e fortalecereis a sintonia de vosso novo caminho, em nome do processo da vossa iluminação individual e planetária.

A força do eterno agora cocria um novo futuro, na perfeição do amor incondicional.

Somente a luz do amor cura, traz a força que beneficia todo os reinos e provê o verdadeiro despertar consciente. Que todos os seres pratiquem a fé e redimensionem as irradiações do sagrado, busquem a força ilimitada do amor-sabedoria, em nome da paz individual e planetária.

Que possais relembrar de todos os momentos felizes, e percebereis a importância de vossas atitudes e escolhas.

A felicidade está sintonizada com vosso livre-arbítrio; ação e reação são a frequência de comunicação dos universos em expansão; a luz do sagrado vos consagra, para que possais continuar recebendo as bênçãos que vos irmanam em nome da paz. Por meio do amor-sabedoria, resplandecereis vosso livre-arbítrio, e estareis aptos a ancorar as irradiações que fazem com que todos os seres despertem e fortaleçam a luz da fé, reencontrem o caminho do discernimento, para que tudo seja cumprido com leveza, suavidade, alegria, com a certeza da vitória e a luz da própria verdade em ação.

Sabeis que tendes Anjos da Guarda que vos acolhem e protegem.

A Hoste Angélica neste ciclo de transição planetária atua por intermédio da força da leveza e da suavidade, da música e da arte, da intuição e da percepção, da inovação e da criatividade, para que todos possam receber amor-sabedoria em cada corpo físico encarnado, abdicando das ilusões errôneas, reencontrando o caminho da fé e da determinação. Na luz do amor, vereis que vossos corpos resplandecem a saúde e a felicidade, a harmonia e a plenitude, a autocura e a abundância na força da paz, para que, aliados às Bênçãos de Deus-Pai-Mãe, possais sentir e vivenciar a vossa plenitude no caminho da vossa autorrealização.

Amor incondicional não permite barreiras e energias que tragam as configurações do ego-personalidade, que limitam e acima de tudo utilizam o poder manipulativo. A luz do amor incondicional é a luz da liberdade, é a força que vivifica vossos corpos, vossas células, moléculas e átomos, para que possais permanecer centrados na chama da vossa leveza e suavidade, poder e livre-arbítrio, energias que enaltecem vossas formas-pensamento; e ancorados na disciplina em nome da sabedoria, estareis reverberando a força que sustenta o discernimento, determinareis que todos os caminhos levam à iluminação. A luz do amor é a força que provê Unidade, conduz à vitória e à felicidade, para que todos vibrem Paz em sintonia com o poder ilimitado de Deus-Pai-Mãe, Eu Sou Vitória em ação.

Vossos corpos, células, energias, vossas vidas vibram com inteligência. Tendes a inteligência física, a inteligência celular, a inteligência mental, a inteligência emocional, a inteligência espiritual, a inteligência da mônada, que é o poder da alma, a luz da Presença Eu Sou, e essas irradiações devem estar todas sincronizadas com o poder da perfeição para vivenciar a plenitude que vos conduz ao vosso propósito e à força da vossa harmonia; ao equilíbrio de vossas vidas e à força motriz que retorna no sagrado, e atingireis a serenidade e a sabedoria, na luz da determinação de um novo alento, em nome da fé e em nome da manifestação de uma nova vida.

A sintonia deste tempo é o amor, a compreensão e o espírito da fraternidade, a colaboração entre todos os seres e a força que reintegra a vida. Assim, estareis aptos a reconstruir a vossa nova realidade a partir da vossa paz interna.

Que possais transmutar paixão em amor incondicional. O que significa transmutar? Significa modificar irradiações fictícias da mente humana na luz da harmonia.

Que possais entender que o amor incondicional é a luz primeva da energia que vos traz o potencial da alma; é a semente de Deus em vós, a certeza do caminho que desabrocha a cada instante; é a força imaculada que vos coloca em sincronia com o cosmos e com todas as formas evolucionais, para que juntos possais continuar conduzindo vossas próprias jornadas terrenas com total responsabilidade e habilidade, amor, paz, sabedoria, respeito mútuo e fé.

Para sustentar a luz do amor incondicional, basta meditar mais, buscar o silêncio e estar distante das ilusões do vosso mundo tridimensional que vibra limite e dor.

Então, percebereis um novo mundo dentro da vossa mente e dentro do vosso coração. Assim, **estareis ativando a inteligência mental, a emocional, a corpórea, pois vossos corpos físicos se regeneram a cada dia, a cada instante, e a cada sete dias todas as vossas células são totalmente regeneradas na luz do poder supremo da perfeição do Criador**, para que a humanidade sustente uma encarnação digna, na luz da perfeição e do equilíbrio, em nome da harmonia e da própria paz interna.

Que possais sustentar a vossa verdade e mergulhar na chama do vosso poder real que é a luz do amor incondicional; o amor é sentido, vivenciado e compartilhado a cada instante; a energia da certeza do vosso poder está centrada na luz da sabedoria; a irradiação do vosso propósito é servir à luz que ancora a chama da verdade.

A inteligência mental e a emocional devem ser vivenciadas, unindo vossas frequências vibracionais em nome da perfeição e do equilíbrio.

Que possais dedicar mais tempo ao silêncio e à meditação. Prestando atenção na respiração e vos abstendo de pensamentos errôneos e preocupações, atingireis o equilíbrio e a harmonia em vossas vidas, manifestando saúde, que é o resultado do reflexo de vossas percepções e de vossas energias.

Meditar três vezes ao dia por dez minutos vos trará um benefício enorme; percebereis a grandiosidade de vossa sintonia com a Hoste Angélica e com o poder sublime do Criador em vosso coração de luz; reconhecereis o vosso Eu sagrado na vitória da Luz em sintonia com Gaia, Espírito da Mãe Terra, energia da natureza, força que cura todos os reinos e que traz saúde, reequilíbrio e harmonia, a qual sustenta a sintonia da regeneração.

A regeneração só acontece em sintonia com os seres elementais da natureza: fogo, terra, água, ar e éter.

Que possais prestar mais atenção e respeitar os seres da natureza, pois eles são responsáveis por regenerar vossas vidas e as energias de vossos corpos; de vossa saúde; de vossa mente; de vossas realidades, trazendo à tona a luz da perfeição e da humildade, da simplicidade e da inocência, a leveza e a alegria. Cabe à humanidade reafirmar esse propósito, reconhecer essas oportunidades e atrair essa sintonia que vos preenche, assim, estareis cada vez mais equilibrados.

A humanidade busca conforto e segurança: palavras-chave para uma vida de alegria e felicidade. Sintonizando a perfeição da Mãe Natureza e com naturalidade, e sendo neutros em vossas decisões, percebereis o ir e o vir do vento, da água, da vossa respiração, o alento maior da criação e, por meio do prana, cocriareis a vossa nova realidade.

Vivenciais um momento único, em que a luz do amor incondicional é mais forte que todas as armas do plano tridimensional.

A verdade vos fala para que todos possam reconhecer o poder; escutar o coração; reafirmar a sintonia de igualdade; restabelecer a chama do caminho da harmonia; e na vossa jornada rumo ao autoconhecimento e à perfeição, reencontrareis as chaves que conduzem ao sagrado, para que possais reconhecer e sustentar vosso poder ilimitado e resplandecer a luz da vossa própria alma, utilizando o livre-arbítrio de forma consciente.

Amor e Luz,

Eu Sou Arcanjo Samuel em vós.

Mensagem de Mãe Maria

Amados Filhos,

A chama do amor incondicional é a base deste novo tempo, a humanidade necessita retornar ao potencial criativo por meio da força da intuição.

A intuição é o bálsamo que cria todas as novas perspectivas e realidades no mundo da matéria, tudo que vos ocorre é reflexo das energias vindouras que criais a cada intenção e a cada reformulação de vossas formas-pensamento.

A chama da paz **é a tônica deste novo ciclo**, a energia do amor compassivo e da misericórdia deve estar sendo reafirmada, utilizada e vivenciada por toda raça humana neste tempo de resgate cármico e transmutação, aceleração energética e mudança de novos padrões mentais, para que, mediante novos paradigmas, possais atingir o potencial ilimitado de manifestar e sustentar o caminho da vossa serenidade; e na luz do livre-arbítrio, abraçareis todas as forças condizentes com a vossa percepção e com a fé, reativareis o vosso novo tempo, por meio da decisão em servir na luz do livre-arbítrio à chama do vosso coração, que é o propósito da vossa própria alma.

A Grande Hoste Angélica, alicerçada por todos os reinos elementais da Natureza, fogo, terra, água, ar e éter, Netuno e Lunara, Áries e Thor, Virgo e Pelleur, e Hélios e Vesta, sustentam o poder da unidade de todos os Filhos da Luz e de toda a raça humana **encarnada**, para que todos possam exercer o livre-arbítrio no caminho terreno com fé e, assim, atingir a maestria. Vitoriosos, abraçareis o novo despertar e um novo alvorecer, com mais um degrau galgado na escada evolutiva, onde todos atingem o processo da iluminação conscientemente, a partir da força que reflete a grandiosidade que sustenta o reequilíbrio e a maestria, em nome da harmonia e da manifestação da PAZ.

Que todos os seres estejam diante do sagrado e despertem rapidamente; a intuição é a verdadeira alavanca neste tempo de transformações. **Quando tendes uma ideia, um pressentimento, devereis seguir essa irradiação, essa é a energia que vos libertará** de todos os grilhões da maldade e do limite, da dor e do passado.

Todos os seres convosco caminham em nome da força do amor-misericórdia; a energia da fé vos fala para que juntos possais resplandecer a chama do equilíbrio, irradiação mestra que possibilita a manifestação centrada na intuição.

A intuição é a chama deste novo tempo, para que todos sejam a expressão viva da plenitude e da intenção.

A intenção inicia-se na mente, porém, a intenção alicerçada pelo sentimento é uma grande força que contribui para a manifestação e para atrair o que quereis vivenciar em vossa nova jornada terrena,**no plano tridimensional**, assim, estareis aptos a reconsiderar vossas atitudes, pensamentos, energias, a fim de que a paz e a verdade retornem e a misericórdia se instaure, e que todos os seres humanos se enxerguem como seres crísticos perfeitos, não mais estejam na frequência do julgamento, da comparação e da competição, pois essas energias retardam a humanidade a ancorar a própria evolução.

Que possais reafirmar o vosso potencial e agir com integridade, caráter e humildade, desse modo, estareis atraindo o vosso novo *momentum*, para que centrados na luz da trilogia do amor-sabedoria e da fé, possais continuar congruentes com as irradiações da linguagem de Deus-Pai-Mãe, comungando a verdade absoluta, sendo protagonistas e cocriadores deste novo tempo na vossa bem-amada Mãe Terra.

A luz do amor devocional é o processo da entrega alicerçada na chama da fé, a força da confiança que sustenta o direcionamento de novos alicerces e horizontes.

Que possais vos resguardar e observar o vosso novo tempo. Na chama do absoluto, compreendereis a vossa verdade e estareis aptos a reconstruir o vosso novo caminho, para que tudo seja cumprido de acordo com a perfeição.

A iluminação é a base deste novo tempo, é a meta de todos os seres encarnados; cada qual atinge o vislumbre da consciência e desperta para a própria realidade, e este é o processo da iluminação.

Existem vários níveis de iluminação. A primeira iluminação é a iluminação do bom senso, a sintonia da praticidade e da objetividade, da clareza mental e da purificação, da limpeza do vosso poder e da chama do absoluto, do mergulho constante do vosso coração e da luz sustentada pela sintonia do amor incondicional.

Centrados no potencial em resplandecer a chama da harmonia e reafirmar o poder crístico ilimitado, estareis reconsiderando vossas novas atitudes, analisando vossas escolhas passadas e reiniciando uma nova vida na luz do eterno agora.

O objetivo do plano espiritual neste tempo de transição planetária é que toda a humanidade desperte e viva com suavidade, leveza e verdade, e no respeito mútuo possa engrandecer caminhos que conduzem à luz da perfeição. No mergulho constante rumo à maestria e à vitória, todos receberão bênçãos centradas na luz da fé e, com sabedoria, abraçarão grandes oportunidades, em nome do poder ilimitado de Deus-Pai-Mãe, Eu Sou Vitória em ação.

A chama do amor incondicional **é a força que abraça, abrange, compreende e atrai todo o potencial criativo e** cocriativo.

A força de Deus vos fala por meio do silêncio, a luz do amor é o bálsamo deste novo ciclo. A energia consciente traz revelação a cada instante de vossas encarnações.

A Hoste Angélica atua há *éons*, mas a humanidade ainda não despertou para ouvir o canto dos Anjos, as irradiações sublimes da força da verdade, luz que reverbera, principalmente, por vossa alma; a chama que abrange todas as irradiações e que vos preenche totalmente na plenitude do vosso comprometimento com a luz da verdade. Comprometidos na fé, reorganizareis vossas mentes, emoções, realidades e vosso propósito divino, e compreendereis a importância de estar encarnados neste tempo de transição planetária.

Que possais compreender o caminho do meio, a luz do discernimento e da própria determinação em servir a Vossa Presença EU SOU.

A devoção é a entrega consciente da vossa percepção alicerçada no coração crístico, a força da intuição e a luz que reverberam a pureza do amor incondicional, assim, estareis aptos a reafirmar vosso poder de equilíbrio e a manifestar a chama da vossa paz.

A Devoção a Deus-Pai-Mãe significa ir além do amor incondicional; significa dizer não à idolatria cega do ego, mas sim afirmar e reconhecer a entrega consciente que vos preenche, na irradiação que manifesta a força da vossa satisfação interna por meio da luz em cada célula, molécula, cada parte dos vossos corpos físico, mental e emocional, manifestando a chama da glória de Deus em vós.

Todos os seres vibram amor incondicional e ativam frequências mais elevadas. A Hoste Angélica traz à humanidade novas dispensações crísticas para elevar, ainda mais, oitavas superiores de luz, a fim de que a humanidade desfrute da própria plenitude e, na chama da autoconsciência, possa buscar a força que preenche, a luz do amor em si, a sintonia que vos dá o fruto da vida, a luz da energia máxima do amor-misericórdia, a força que engrandece o livre-arbítrio, a chama que determina o potencial da autocura e a chave que abre todos os portais rumo à vossa vitória, rumo à vossa paz, à plenitude e à autorrealização por meio da cura e da saúde, da abundância e da alegria, da felicidade e da maestria, no caminho da iluminação consciente.

Que possais transcender o vosso tempo-espaço, reencontrar vosso novo propósito, alicerçar em nome da fé a chama que é a sintonia deste novo tempo, engrandecer as irradiações do eterno agora e fortalecer o vosso caminho em nome da unidade, para que todos estejam diante do sagrado e personifiquem as irradiações do absoluto, e sejam a expressão viva da unidade eterna em nome do amor-misericórdia, a fim de que a paz seja uma realidade rapidamente sobre todo o plano tridimensional.

A humanidade sustenta a luz da paz, a força da misericórdia, a energia que reverbera o reencontro do sagrado, a luz do poder.

Transmutar a vossa paixão humana em amor incondicional é compreender que sois seres ilimitados e ancorados nas irradiações da percepção verdadeira; tendes as grandes oportunidades de vislumbrar o caminho, de reencontrar a fé, de manifestar o reequilíbrio, de sustentar o potencial do livre-arbítrio e manifestar irradiações que retornam ao eu sagrado.

Todos os seres reabsorvem luz. Que possais expandir vossas percepções, consciências, habilidades, vossos sentidos e energias, a fim de que, na luz da percepção extrassensorial, possais atingir a paz e reconhecer que todos caminham em nome da luz e manifestam a chama da verdade; iluminam no poder do equilíbrio; reafirmam-se por meio da fé; e sustentam Luz pelo reconhecimento de todos os reinos, para que a força do amor-misericórdia seja a expressão viva da Unidade e manifeste a chama que eleva a consciência em nome do processo da iluminação consciente, rumo à Paz vindoura.

Que possais sempre mergulhar na força do silêncio e estareis reverberando as irradiações da Mãe Natureza; e no alicerce de quem sois, estareis cada vez mais aptos a reafirmar o vosso poder de cocriar, de reconhecer a chama do vosso caminho, de observar a luz do vosso livre-arbítrio, de enaltecer o sentido da vossa paz e de resplandecer a força do amor-sabedoria. Compreendereis que todas as linguagens levam a mesma frequência da luz; luz é luz. Os matizes são diferenciados, porém, a essência da luz é a mesma, as frequências e as vibrações são alteradas de acordo com a necessidade de cada ser; conforme as frequências emanadas na mente e no coração de cada corpo físico encarnado; segundo o alicerce do vislumbre de consciência e na luz da força da sabedoria, em sintonia com a mente racional. Que possais compreender que é momento de resgatar a consciência da unidade, o poder que fortalece o princípio universal da vossa vitória, a luz da verdade que engrandece o vosso caminho em nome da vida, bem como a força da vossa paz que reabsorve a chama da misericórdia. Assim, estareis reencontrando o vosso potencial e reabsorvendo a chama da vossa luz sagrada por meio da determinação de um novo tempo, no amor, na paz, na verdade, na energia que reverbera luz e amor, compromisso com a chama da vossa paz interna revigorando, dessa forma, vosso novo alicerce.

Todos os dias, tendes ilimitadas escolhas, caminhos e oportunidades, todavia, vossas mentes se preocupam demais com o limite e com os preceitos do inconsciente coletivo.

Devereis alicerçar vossas energias na prática meditativa e na força do silêncio, no mergulho do vazio, na energia de reencontrar o poder sublime de Deus em vós, sintonia que vos eleva na frequência da Mãe Natureza, que vos acalenta e abraça, energia que vos provê e cura em sintonia com o Amor Incondicional.

Entendereis a verdadeira linguagem da vida que é a luz em ação, para que a força da vossa paz possa reverberar a sintonia de vossos sentimentos e escolhas, e para que, mediante a chama do vosso coração, possais continuar engrandecendo e fortalecendo a vossa fé, vivenciando a plenitude da vossa autorrealização na harmonia e no reequilíbrio; na luz da paz e na chama da verdade; no comprometimento com a vossa própria energia interna e com a força da misericórdia, a fim de que vosso livre-arbítrio aponte as novas diretrizes, para que possais reescrever a vossa nova realidade em nome da paz e da responsabilidade, em nome do respeito mútuo e da chama que absorve a leveza da Mãe Natureza e repete os padrões das energias leves, sublimes, inocentes, e retornam ao princípio da humildade, pois o ego-personalidade repete padrões errôneos. Devereis retornar aos preceitos da fé e da Mãe Natureza, à força multidimensional dos universos em expansão que vos cura, às irradiações que resgatam a frequência da paz, à sintonia do amor que é a chama do reequilíbrio, à luz da harmonia que engrandece a vossa percepção, à chama do livre-arbítrio que fortalece o vosso coração, logo, estareis aptos a reconsiderar vosso novo caminho e a observar os preceitos maiores da vossa paz, e reencontrareis o alicerce do vosso novo eu, pois vosso novo eu conclama a vossa atenção, para que possais reafirmar o vosso potencial verdadeiro por meio da inovação e da criatividade, no alicerce da vossa paz interna.

Visualizai à vossa frente o planeta Terra transpassado em uma grande rosa rubi-dourada que se expande envolvendo a humanidade.

Que possais elevar vossas mãos para o alto neste momento. Em nome, no poder e na bênçãos de todos os seres, reativamos vossos chacras das mãos, para que possais reencontrar vosso novo propósito, realicerçar o caminho da fé, atingir as energias que manifestam compreensão e equalizam vossas emoções, para que, na luz da paz, possais vitoriosos abraçar a saúde e a plenitude na chama da vossa autorrealização individual e planetária.

Que possais colocar a vossa mão direita sobre vosso coração e a mão esquerda em cima da mão direita.

Em nome, no poder e na bênção de todos os seres, reativamos a vossa Chama Trina, para que, na luz do amor incondicional, na certeza do caminho da verdade, na chama translúcida que vos traz o alicerce deste novo ciclo, possais perceber a importância de vivenciar a autorrealização, vossos reais valores e a luz do princípio ativo de Deus em vós, a fim de que, na força da verdade, possais fortalecer o vosso propósito e reafirmar o caminho rumo ao equilíbrio e ao discernimento na consagração de novos ideais.

Visualizai todo o inconsciente coletivo da humanidade transpassado na grande rosa rubi-dourada, para que, no poder do amor devocional, todos manifestem luz; a fim de que, na chama que traz a perfeição, todos atinjam a sabedoria; e para que, ancorados na força do amor incondicional, possais aceitar bênçãos por meio das dispensações crísticas rumo à verdade, à vitória, à maestria e ao propósito crístico da unidade eterna.

Que possais aceitar em vossos corações uma grande rosa rubi--dourada que se torna maior que vossos corpos tridimensionais, para que, no amor-devocional, possais vos entregar ao poder de Deus--Pai-Mãe, o Grande Arquiteto dos Universos em expansão. Que possais entregar vossos corações e sabedoria ao Espírito Gaia, à bem-amada Mãe Terra; e com respeito a todos os reinos, manifestareis a verdadeira sinfonia crística da perfeição, pois todos os reinos – mineral, vegetal, animal, hominal – passam pelo mesmo processo de transição planetária em direção à maestria, subindo um degrau na escala evolutiva, ou mais degraus, de acordo com a consciência e segundo o que cada um nutre no próprio potencial de livre-arbítrio a cada instante.

Que possais vos unir cada vez mais aos preceitos da Mãe Natureza. Condizentes com a fé, manifestareis o sentido da igualdade e a percepção verdadeira, em nome da vossa própria paz interna.

Que possais visualizar a rosa rubi-dourada sobre todo o inconsciente coletivo, e estaremos atuando em vós, para que a luz do amor e da intuição reverbere a magnitude do servir. Somente o amor cura, só o amor transmuta a guerra, apenas o amor iguala todos os reinos em todos os níveis de consciência. É a força predominante da chama da preservação da espécie humana, energia que reverbera a luz da sabedoria, no sentido real da existência, que cocria um novo ciclo consciente, em nome da harmonia e da determinação; do livre- arbítrio e do respeito mútuo; da fé e da integridade; do amor e da sabedoria; e da paz individual e da paz planetária.

Reconhecemos vossos agradecimentos e que possais ser a força da frequência de amor em ação que reverbera luz.

Que possais aceitar os desafios com amor e, assim, vos entregareis e elevareis a vossa consciência como o cálice que brinda no grande júbilo à vossa própria irradiação que, mais uma vez, manifesta vosso processo iniciático rumo à consciência crística. Dessa forma, atingireis a vossa iluminação em corpo tridimensional.

Amor e Luz,

Eu Sou Vossa Mãe.

Oração à Imortalidade, por Mãe Maria

Canalizada por Carmen Balhestero

Amados Filhos, na Hoste Celestial e na Grande Hoste Angélica está contida a centelha da imortalidade. O ser humano também foi concebido imortal, mas a crença do paradigma ego-personalidade atrai a chama da morte.

Que possais perceber que, neste dia de Vitória, 25 de julho de 2001, por meio da transcendência de vossos corpos tridimensionais, a imortalidade tem a oportunidade de vivenciar a Vitória da Maestria, da Imortalidade, do Rejuvenescimento pela Luz Máxima da Ascensão. Portanto, é de vital importância que possais ancorar em vossas preces o poder maior da Oração da Imortalidade.

Amor e Luz,

Eu Sou Vossa Mãe.

Oração à Imortalidade, por Mãe Maria

Eu Sou um filho da Luz, que um dia fui concebido por meio do Amor, da Liberdade e da Paz, e reafirmo mais uma vez o meu Poder.

Eu, que um dia fui conclamado às energias máximas da gratidão, agradeço à vida pela oportunidade de estar encarnado e servindo ao Plano Maior da Concepção Verdadeira.

Eu, que um dia retornei para poder consolidar a Idade do Ouro, reúno-me, neste momento único, ao Conselho Estelar, à Grande Fraternidade dos Anjos, à Grande Energia concebida pela Gratidão Eterna.

E, mais uma vez, cocrio a Idade do Ouro.

Na Luz dos olhos de uma nova juventude.

Na Luz dos olhos de uma nova humanidade, mais madura, mais consciente e certeira, na irradiação da Imortalidade e na Paz Crística.

Eu, que um dia fui chamado a servir à Luz e hoje retornei, aceito a responsabilidade consciente de ancorar, com a minha evolução, a devoção a mim mesmo, a devoção ao chamado da minha Alma, a devoção ao chamado do meu Espírito, a devoção ao chamado da minha Consciência Crística, para que eu possa ser um protagonizador e um pilar que sustenta a Chama da Imortalidade, a Chama do Amor Incondicional, a Chama do Amor Devocional, a Chama da Gratidão a Deus-Pai-Mãe, Onipresente e Onisciente em todos os corações.

Que juntos, com esta Prece da Imortalidade, possamos criar uma humanidade mais fraterna em meio aos valores tridimensionais, e possamos reavaliar e questionar nossas vidas, reafirmando o Poder Uno da Imortalidade e do Rejuvenescimento.

Abençoado seja o Poder da Presença Eu Sou de todos os seres encarnados sobre a Terra, para que possamos questionar nossas vidas, fazer valer as Leis Máximas da Presença Crística, para que se cumpra sobre a Terra a Vitória da Presença Eu Sou, na Luz e no Poder da Grande Lua Central, que traz a Imortalidade, o Amor e a Luz.

Sem misericórdia e amor incondicional não existe Vida.

Por intermédio do alicerce de um nova fraternidade, e de uma humanidade mais fraterna, o Amor e a Paz se fazem presentes neste momento, para que todos os reinos se organizem e possam continuar reescolhendo suas vidas nos patamares máximos da Fé, para que todos os reinos possam alicerçar seus conhecimentos nas energias máximas da bem-aventurança; para que, pela Luz Crística, todos os reinos possam buscar a Chama da Vida e perpetuar a existência, em consideração ao eixo magnético de um novo corpo tridimensional que se ergue, que é o meu corpo tridimensional, a força do meu corpo físico e a Luz do meu organismo biológico, a fim de que eu possa transcender os limites da matéria, realçar as qualificações da minha Alma, e juntos, unidos em pensamento, possamos continuar alicerçando as energias máximas que protagonizam uma nova esfera na Luz e no Poder da Misericórdia plena.

Hoje, conclamado no Amor e no Poder, que eu possa continuar buscando a irradiação da serenidade e do equilíbrio, na devoção à minha própria Presença Eu Sou, na devoção às minhas virtudes, na devoção ao que é importante para a minha existência.

Que eu possa reavaliar minha vida e meus valores, que eu possa reescolher os padrões mentais e comportamentais que direcionam a minha força-motriz. Assim, por meio de Deus-Pai-Mãe-Todo-Poderoso, que eu possa alicerçar a energia maior de um único céu sobre a Terra; de uma única fraternidade entre os homens; de uma única irmandade alicerçada no poder intrínseco da Fé, para que, pela Maestria, todos os reinos alcem voo rumo a um novo tempo, tempo de Cocriação do embasamento crístico da Verdade, da Unificação e da própria vida.

A partir deste momento, eu aceito ser a purificação em ação; eu aceito ser a energia da transcendência em ação; eu aceito ser o Universo constante da Imortalidade em ação.

Eu aceito, por meio de cada filamento do meu código genético, protagonizar a Chama da Imortalidade e da Ressurreição, da Harmonia e do Poder, da Vida e da Constância, do Amor Incondicional e do Suprimento, para que tudo seja mantido na força do Poder Crístico de Deus-Pai-Mãe; para que, na Luz da Grande Lua Central, todos os reinos atraiam o potencial individualizado da Intuição e, na Luz da Intuição, possam continuar condizentes com a força que perpetua a espécie humana mediante o alicerce da Alma, alicerçando, assim, uma Nova Idade do Ouro, na irradiação de uma nova civilização, mais plena, mais consciente e mais feliz.

Neste momento: eu selo esta oração na força do Amor e no comprometimento da unificação de todos os povos; na unificação de todas as mentes; na unificação de todas as emoções; na unificação de todas as atitudes e de todas as ações concisas que, neste instante, atraem o potencial energético da Fé, do Amor e da Luz Crística, para que, juntos, possamos recriar uma nova força motriz por meio de uma nova humanidade, de um novo homem-mulher, de uma nova personificação crística, de um novo Poder em que, por intermédio da intuição e da energia feminina, o Grande Sol Central na Imortalidade também renasça, e, juntos, possamos trazer a completude do verdadeiro Matrimônio Celestial pela Luz da Unidade, no Poder absoluto de Deus-Pai-Mãe.

Assim é!

A verdade de Deus-Pai-Mãe prevalece sobre toda a humanidade no poder do amor e da paz; na liberdade do passado e na irradiação do presente; no poder da Fé e no absoluto; e no poder do Amor Incondicional em que todos os reinos reafirmam a Verdade, na Imortalidade e no servir.

Eu Sou, Eu Sou, Eu Sou.

Mensagem do Mestre Saint Germain

Amados Filhos,

Visualizai no alto de vossas cabeças uma grande Cruz de Malta que se expande envolvendo toda a humanidade, para que, a partir da sétima esfera de luz, possais sustentar o poder da chama violeta em ação.

Por meio de um novo estado de consciência e reafirmando vosso poder pessoal, manifestareis tudo que for necessário.

Que possais sempre vos unir ao poder supremo da criação, da natureza de Deus-Pai-Mãe; e, olhando para os céus, reencontrando novas fontes inspiradoras, reconhecereis as grandes dádivas divinas a cada instante, e não mais sereis manipulados por vosso ego--personalidade e por energias impostas pelo poder manipulativo da raça humana.

É hora de sustentar o alento da fé, reiniciar vosso novo ciclo, imbuídos na luz da paz. e reconstituir a vossa nova energia crística pela luz da vossa própria sabedoria.

Todos os seres humanos que já despertaram para a espiritualidade conhecem as energias, bem como os deveres, os direitos, os caminhos rumo à própria automaestria, porém, desistem na metade do caminho, ou antes de chegar à metade, pois não têm a determinação suficiente e a paciência para seguir e para continuar cada vez mais à frente, sustentados pela luz da fé. Vivenciais um tempo de urgência; é momento de a humanidade expandir a consciência, reafirmar o poder do livre-arbítrio, reconhecer as irradiações que flamejam e transcendem tempo-espaço e resplandecem a luz do amor. Assim sustentados pela chama da vossa própria transição e transmutação, reencontrareis na vossa alquimia todo o potencial que manifesta a luz do reequilíbrio e da intuição, para que, com livre-arbítrio, possais abraçar as irradiações de paz e verdade, abundância e plenitude.

Sabeis que o mundo externo é o reflexo do mundo interno.

Devei limpar, purificar, transmutar as vossas mentes. A mente consciente é responsável pela construção e pela destruição.

É momento de reconstruir a vós mesmos; reconstruir vossas mentes, energias, irradiações e estruturas, para que, alicerçados em nome da fé, possais mudar vossos padrões de pensamento.

Neste momento, atuaremos no vosso padrão mental, com a vossa permissão e com a permissão da vossa Presença Eu Sou. Esperamos vosso consentimento.

Em nome, no poder e na bênção de todos os seres do Conselho Cármico, reativamos as vossas frequências vibracionais, todos os vossos neurônios nas energias da vossa consciência crística, para que assim possais conceber que sois o poder da fé em ação; sois a chama crística em ação; sois o poder da liderança da vossa paz em ação; sois o poder que atrai a abundância e a plenitude, a autocura e a saúde, o reconhecimento ilimitado de tudo aquilo que condiz com as frequências vibracionais da vossa evolução neste tempo sagrado que vivenciais: a vossa encarnação terrena, a fim de que, sustentados em nome da fé, possais atrair exatamente aquilo que emanais.

Elevamos vossas vibrações oitavas acima de luz, para que possais vibrar recebendo toda as energias de amor ilimitado, frequências ilimitadas, abundância ilimitada, cura ilimitada.

Sustentados pela fé, resplandecereis as energias do vosso novo alicerce. Próximos da decisão em servir o vosso coração, renascereis por meio do alento maior da vossa paz pela chama da vossa Presença Eu Sou; e resplandecereis vossa luz verdadeira, que é a sintonia única ao processo da unidade eterna.

Que possais silenciar alguns momentos. Neste tempo de reavaliações, que possais ser sustentados pelo vosso potencial em reafirmar a chama do amor e da sabedoria.

Na unidade do espírito, estabelecereis a frequência da vossa paz interna; na chama que permeia vossos alicerces, estruturareis vosso próprio consciente e o vosso inconsciente.

Que possais reconhecer e reafirmar o vosso poder, manifestar a vossa própria paz e reestruturar a vossa nova vida e, no eu divino, reencontrareis o alicerce da vossa paz interna. Na congruência de vossos sentimentos e pensamentos, percebereis que tendes condição de transmutar o que não quereis mais vivenciar em vossas vidas, basta apenas a disciplina concisa do silêncio, a disciplina da meditação, pois o silêncio e a meditação vos trarão a Paz, e a calmaria vos trará a força motriz que deverá ser sustentada, para que possais controlar vossas emoções nocivas; controlando emoções nocivas e transmutando-as, reconhecendo que esses valores não mais são necessários no vosso processo evolutivo, percebereis a importância de vivenciar apenas a plenitude, a energia sustentada pela força que realinha os vossos padrões mentais em nome da energia da serenidade, do equilíbrio, da maestria e da harmonia, em nome da força da vossa chama crística que faz prevalecer a luz maior da vossa paz interna.

A paz é a base deste novo tempo; é a chama que sustenta vossos ideais; é o fortalecimento do vosso princípio; é o preceito que escancara todos os portais e ergue todos os véus, para que toda ilusão seja dissipada e todos possam enxergar a própria verdade na Luz.

Muitos seres humanos, quando enxergam o poder da própria Presença Eu Sou, esquivam-se e se distanciam do próprio poder em criar e cocriar, tamanha LUZ que encontram.

Este é o momento do confronto positivo, o confronto energético que eleva vossos padrões mentais a reconstituírem a chama da fé, o amor inabalável e a força da energia da determinação, para que, imbuídos na vossa nova forma-pensamento por meio da chama alicerçada e ancorada na luz do vosso potencial, possais reconhecer a harmonia e sustentar a chama do reequilíbrio; possais reescrever a vossa nova história e readmitir o vosso propósito, a fim de que, por todas as esferas, possais sustentar o ilimitado, e elevando vossas frequências ao eterno agora, manifestareis tudo o que vossas mentes possam conceber, ativando e elevando vossas frequências vibracionais oitavas acima de luz.

Sabeis o que significa uma oitava? São sete novas frequências que estareis subindo de uma só vez, em um único dia, para que possais compreender que vossas energias estarão mais sutis e vossa sensibilidade estará mais aguçada.

Devei prestar mais atenção e nutrir vossas emoções e pensamentos, pois vossa sensibilidade estará cada vez mais sutil daqui para a frente.

Pedistes que pudéssemos atuar em vós e estamos atuando; contamos com a vossa predisposição, para que possais purificar vossos corpos e não mais vos perder nas energias das ilusões alheias.

É momento de reafirmar o poder e de reconstruir a vossa nova realidade; sustentar o alicerce e reformular padrões de pensamento; reencontrar o Altíssimo e reformular as vossas novas diretrizes e escolhas conscientes.

Nós ativamos vossos padrões mentais para que possais reconhecer apenas o belo, o sagrado, o ilimitado, o próspero, o abundante, o saudável, o feliz. Porém, vosso ego-personalidade tenta interferir nas vossas frequências vibracionais.

Que possais vos aproximar de vossas mentes crísticas e restabelecereis o bálsamo da vossa atitude concisa; permeareis as forças maiores da vossa paz interna e, na reconstrução do vosso novo caminho, atingireis as energias ilimitadas e estareis aptos a reconsiderar vosso novo tempo pela chama da plenitude, da abundância e do amor incondicional.

Todos os portais além do véu de maia vos pertencem, todos os horizontes, universos e multiuniversos vos pertencem.

A humanidade deverá ter mais discernimento daqui para a frente, pois a mente é o alicerce, a alavanca para a saúde plena, e a mente não pode estar confusa, pois vivenciareis experiências, sensações, energias, frequências, situações, que vos trazem verdades e inverdades; inverdades pela projeção do inconsciente coletivo e verdades sustentadas pela alma.

Estareis seguros quando centrados na luz do vosso silêncio e na chama da prática meditativa e, acima de tudo, sendo o melhor exemplar de ser humano possível, pois a luz do amor incondicional transmuta toda frequência nociva que está ao vosso redor.

Portanto, devei vibrar amor, ser a força do potencial do amor incondicional, e nesse processo alquímico, compreendereis a verdadeira transição e a verdadeira transformação individual e planetária neste tempo de reavaliações que transmutam os padrões mentais.

Padrões mentais são modificados quando, por meio da consciência, um ser atinge o poder de compreender que pensamentos errôneos ou atitudes que não mais servem nem trazem a construção e a edificação não deverão ser repetidos.

O processo do padrão repetitivo ocorre simplesmente porque, na energia do vosso inconsciente coletivo, a frequência vibracional em massa está muito mais alicerçada no limite do que do potencial ilimitado.

No entanto, todos os discípulos de todas as classes espiritualistas, de todas as práticas e ordens de fé, têm o poder de ser sustentados pelas irradiações do sagrado e reconhecer este novo ciclo e este novo alicerce, para que, imbuídos pela chama da própria paz, possam reafirmar a consciência crística e, nesse padrão de consciência crística, revigorareis vossos corpos, vossas moléculas, células e átomos, e reencontrareis vossos novos caminhos em nome da vossa **autoaceitação** na vossa purificação.

Visualizai à vossa frente o planeta Terra na chama verde da cura, dourada de uma nova consciência, violeta da transmutação e branca da paz, para que todos os seres reafirmem, mediante o amor-sabedoria, a energia maior da perfeição.

Que possais elevar vossas mãos para o alto neste momento.

Em nome, no poder e na bênção de todos os seres, reativamos vossos chacras das mãos, para que possais abençoar, curar e fortalecer o vosso caminho rumo à vitória na iluminação.

Que possais colocar a vossa mão direita sobre o vosso coração e a mão esquerda acima da mão direita.

Em nome, no poder e na bênção de todos os seres, reativamos a vossa sagrada Chama Trina em vossos corações na Presença do Pai-Filho-Espírito Santo em vós; para que, no poder da fé, da determinação, da vontade divina, da iluminação, da sabedoria, do discernimento, da consciência e do amor incondicional, possais vibrar em consonância com as energias do amor incondicional e da vitória, e revigorareis vossos novos padrões mentais em nome da fé.

Sustentados nas Bênçãos de Deus-Pai-Mãe, reconhecereis as forças de manifestação cada vez mais próximas e, na dedicação ao vosso servir, manifestareis a autorrealização.

Amados Filhos, é momento de intuir e buscar a vossa própria sabedoria ancestral. Na chama da vossa força, por meio do registro akáshico na vossa mente subconsciente, encontrareis vosso poder verdadeiro e manifestareis o sentido da unidade, a luz que preserva e a consciência que reedifica, a chama que ativa a vossa alegria e autorrealização, e a luz da felicidade que, neste instante, vos ilumina. Assim, percebereis a importância de estar encarnados e de reconsiderar vossos novos padrões mentais.

Ativamos vossa percepção extrassensorial expandindo vossos níveis de consciência e elevando em sete dimensões vossas frequências mentais; vossas frequências mentais vibram sete dimensões acima do vosso padrão tridimensional, para que possais compreender que sois o poder ilimitado em ação, que sois a força de Deus em ação, que sois cocriadores e, assim, cocriareis aquilo que vossas mentes crísticas podem conceber; pois onde existe luz não tem o outro lado e, para dissipar as trevas, é necessário que possais sustentar cada vez mais luz. Mesmo com a elevação das vossas frequências vibracionais, não atingireis as energias mais baixas, pois vossas frequências já estão em outro limiar de padrão energético. É esse padrão energético que esperamos que a humanidade sustente nos próximos anos, para que todos possam reafirmar o propósito divino em nome da luz e resplandecer a chama da fé, reconhecer as possibilidades em nome da paz interna.

Ativaremos o inconsciente coletivo da humanidade na elevação da frequência dos padrões vibracionais do corpo mental. Toda a humanidade tem a mesma possibilidade de atingir a perfeição, reencontrar o caminho do meio e, na luz do discernimento, reencontrar o bálsamo crístico da própria fé.

Alicerçados pela onisciência e pela onipotência de Deus-Pai-Mãe, manifestareis o sentido maior do exemplo da criação, da energia, do reconhecimento, do alento, e sustentados por vosso poder na unidade, manifestareis e sereis o exemplo vivo da consciência edificante, da consciência crística, da consciência que manifesta, do poder que ilumina, da energia que recria, e sereis cocriadores e recriareis o vosso novo tempo.

Cocriem todos vossos novos estados de consciência, transmutando toda a energia do vosso ego-personalidade em luz; todo limite, dor e sofrimento não existem para Deus.

Que possais vos relembrar e ser, e sentir a força da expressão viva do vosso livre-arbítrio.

Visualizai no timo, em vosso chacra cardíaco, uma grande Cruz de Malta.

Agora, ativaremos vosso chacra cardíaco, no poder da Cruz de Malta, na chama Violeta da Transmutação.

Em nome, no poder e na bênção de todos os seres, reativamos os vossos chacras, por meio do chacra do coração, para que a luz do amor incondicional possa sustentar cada célula, molécula, átomo, cada partícula viva do vosso ser. Em vossos corpos biológicos, reencontrareis o caminho da atitude concisa em nome da paz; na força que preserva vossa aliança com todos os universos, reencontrareis o real poder que sustenta a chama da vossa iluminação e, cada vez mais próximos da luz do vosso poder intuitivo, reconhecereis que sois o poder da Cocriação e da manifestação; e que a chama do vosso livre-arbítrio ressurge para que todos estejam diante do sagrado e restabeleçam o vínculo do verdadeiro caminho da paz.

Todos os portais se abrem diante da vossa Presença Eu Sou. Que possais aceitar a luz que sois, permitindo que a vossa Presença Eu Sou assuma total controle perante vossa consciência, e permanecereis centrados na consciência crística, manifestareis o poder ilimitado, atingireis o poder da plenitude e da liberdade, consciência crística da autocura e da abundância, da alegria e da felicidade, para que possais preservar a vossa vida e alicerçar em cada instante o tempo maior que preenche vossos momentos, em nome da felicidade e em nome da vossa paz.

É momento de transcender vosso tempo-espaço, reencontrar a vossa nova forma de vida. Que possais entender a abertura de vossos canais, principalmente com a percepção extrassensorial que se expande. A partir deste instante, reencontrareis o vosso processo intuitivo treinando a Telepatia.

Que possais exercitar a intuição por meio do amor e da fé, e sereis sustentados na razão crística, não mais a razão que compara e compete, manifestando a luz do poder da iluminação e da unidade, em nome da paz individual e da paz planetária.

Visualizai à vossa frente o planeta Terra na chama verde da cura, dourada de uma nova consciência, violeta da transmutação e branca da paz, para que todos os seres manifestem a energia crística da perfeição.

Visualizai, pelo vosso chacra frontal, um grande caudal de luz violeta que se dirige a toda a humanidade, a todos os dirigentes governamentais do Brasil, berço do novo milênio e do vosso planeta Terra.

Visualizai, por intermédio de vosso chacra frontal, um grande caudal de luz verde-esmeralda que se dirige a todos os hospitais; a todos os que não têm um leito; a todos os doentes físicos, mentais, espirituais, astrais; que todas as forças sejam transmutadas em nome da luz, para que todos os seres resplandeçam a chama do equilíbrio, manifestem a paz e reconheçam a oportunidade em servir, a chama da vitória em nome da Presença Eu Sou.

Agradecemos vossa sintonia, e que possais sempre possibilitar a vossa limpeza e purificação de pensamentos, para que a chave do vosso sucesso seja reconhecida e ativada.

Atuaremos em vós, libertando-vos de tudo que não mais condiz com vosso eu sagrado.

Visualizai no alto de vossas cabeças uma grande Cruz de Malta que se expande envolvendo a humanidade, para que, a partir da sétima esfera de luz, possais reverenciar o vosso poder verdadeiro em nome da fé.

Que todos os seres, em todos os reinos, mineral, vegetal, animal, hominal, reafirmem o potencial da verdadeira mudança consciente e sejam a expressão viva da unidade, a fim de que todos potencializem o chamado do grande despertar.

Que possais aceitar e abençoar tudo aquilo que vivenciastes; e que possais vos colocar disponíveis para viver o eterno agora, assim, estareis reafirmando vosso potencial ilimitado em descortinar um novo ciclo.

Consciência é a palavra de ordem. Nós estamos sempre atuando em toda a humanidade, possibilitando a entrada de luz onde há a penumbra e as trevas, a força que traz à tona a verdadeira reavaliação. Porém, o questionamento do livre-arbítrio individual é *status quo* para que cada qual vivencie a sua própria realidade que resplandece Amor.

É momento de paz e união de vossas formas-pensamento. Na chama que reconhece a vossa verdade, vereis ressurgir um novo ciclo que reaviva vossos corpos crísticos. Assim, reconhecereis as grandes bênçãos que retornam à consciência tridimensional, para que possais atingir a consciência extrafísica e manifestar a força do poder ilimitado; resplandecer, por meio do vosso novo tempo, toda a energia que perdura pela vossa fé.

Visualizai à vossa frente o planeta Terra na chama verde da cura, dourada de uma nova consciência, violeta da transmutação e branca da paz, para que todos os seres reafirmem as energias crísticas de unidade e manifestação.

Visualizai, por meio de vosso chacra frontal, um grande caudal de luz violeta transmitido a toda a humanidade, a todos os dirigentes governamentais do Brasil, berço do novo milênio e do vosso planeta Terra.

Visualizai, por meio do vosso chacra frontal, um grande caudal de luz verde-esmeralda que se dirige a todos os hospitais; a todos aqueles que não têm um leito; a todos os doentes físicos, mentais, espirituais, astrais: que todas as forças sejam transmutadas em nome da luz, para que todos possam reafirmar o poder verdadeiro em nome da fé.

Que possais elevar vossas mãos para o alto neste momento. Em nome, no poder e na bênçãos de todos os seres, reativamos vossos chacras das mãos para que possais abençoar, curar e fortalecer o vosso propósito no caminho rumo à maestria e à iluminação.

Que possais colocar a vossa mão direita sobre o vosso coração e a mão esquerda acima da mão direita.

Em nome, no poder e na bênção de todos os seres, reativamos a vossa sagrada Chama Trina em vossos corações, na Presença do Pai, do Filho e do Espírito Santo em vós, para que, no poder da fé, da determinação, da vontade divina, da iluminação, do discernimento, da sabedoria e do amor incondicional, possais reafirmar o vosso propósito crístico e alicerçar, em nome do livre-arbítrio, a unidade, para reformular a fé e sedimentar a âncora que é vossa verdade. Desse modo, estareis reeducando vossas mentes, vossas decisões, vossas escolhas, vossas realidades, reescrevendo vossa nova história e, assim, potencializando a mudança consciente em nome da vossa liberdade, a fim de que todos os seres estejam diante do sagrado e determinem um novo alvorecer.

É momento de paz, união e fortalecimento da conexão verdadeira.

Que possais atingir os multiuniversos por meio de vossas energias crísticas. Na força que atrai o poder da vossa sabedoria, estareis cada vez mais próximos do vosso corpo mental, e percebereis a importância de reformular vossos pensamentos e crenças, para que vossas vidas sejam fidedignas às energias da unidade, bem como manifestem os preceitos e os princípios maiores da irradiação ilimitada do poder supremo de Deus-Pai-Mãe.

A vitória vos pertence. Juntos, estamos transcendendo este tempo, atingindo as energias de todos os novos portais que se abrem, para que a humanidade descortine uma vida mais simples, equacionada pela harmonia, pelo silêncio. É a sintonia que traz o poder do discernimento, que determina um novo propósito rumo à Iluminação que abençoa, consagra e provê todos os reinos a despertarem para o novo tempo de amor-misericórdia, na energia que enaltece o fortalecimento de um novo ciclo, em nome da paz individual e da paz planetária.

Toda a humanidade está cada vez mais apta a criar e mudar, modificar e reiniciar, renascer e recomeçar a cada instante.

Porém, é de vital importância que possais vivenciar a plenitude agora, e estareis aptos a reconstruir o vosso novo tempo. Centrados em vossa alma e imbuídos na luz da fé, redirecionareis vosso novo ciclo, em nome da energia que flameja a consciência na reedificação do vosso novo caminho e no fortalecimento de vossos princípios, em nome da paz individual e da paz planetária.

Que, neste tempo de luz, possais conceber que sois o poder da cocriação. E assim será.

Amados Filhos, vossos pensamentos estão a serviço de vossa alma e não a serviço do vosso ego-personalidade.

Que possais libertar a energia crística que existe em vós e, assim, estareis vivenciando a plenitude e a perfeição, o equilíbrio e a bem-aventurança, a harmonia e a chama que sustenta a vossa maestria rumo à vossa vitória, na sintonia crística da energia que traz à tona a luz e o poder da unidade, em nome de um novo ciclo, para que todos os novos portais possam harmonizar a humanidade, em nome da força da iluminação individual, como a verdadeira espiral que traz à tona o processo da manifestação da paz individual e da paz planetária.

Na força do amor incondicional, que possais potencializar vossas novas energias, para que assim possais reconhecer as grandes oportunidades vindouras.

É momento de silêncio e recolhimento; na força da vossa luz interna, estareis transcendendo vossa própria compreensão e reencontrando o fortalecimento da vossa paz; na energia, que é a força motriz que reflete o poder da vossa alma, reconhecereis todas as bênçãos ilimitadas, a fim de que possais reescrever vossa nova etapa evolucional em nome da transmutação eterna.

É momento de luz e da grande colheita, para que toda a humanidade possa vivenciar a fé e sustentar, pelo reequilíbrio, a força da harmonia; contemplar, por meio do amor incondicional, a chama do livre-arbítrio; e readmitir a força de um único tempo, para que todos sejam o reflexo constante da unidade e manifestem a luz da perfeição de Deus.

Todos os irmãos estelares, interdimensionais e todas as energias dos Confederados da luz se aproximam da hoste terrestre, para que sejam consagrados e abençoados.

As mudanças ocorrem de acordo com a perspectiva e com o nível da consciência mental dos seres encarnados.

O mais importante é manter vossa atenção centrada na fé que fortalece o vínculo constante com a vossa luz, para que, pela harmonia, possais continuar reverberando a sintonia do sagrado na luz do eterno agora.

Visualizai à vossa frente o planeta Terra na chama verde da cura, dourada de uma nova consciência, violeta da transmutação e branca da paz, para que todos reafirmem a unidade em nome do amor incondicional.

Visualizai, por meio de vosso chacra frontal, um grande caudal de luz violeta que se dirige a toda a humanidade, a todos os dirigentes governamentais do Brasil, berço do novo milênio e da vossa Mãe Terra.

Visualizai, por intermédio de vosso chacra frontal, um grande caudal de luz verde-esmeralda que se dirige a todos os hospitais; a todos que não têm um leito; a todos os doentes físicos, mentais, espirituais, astrais; que todas as forças sejam transmutadas em nome da luz, a fim de que todos reavaliem suas energias e oportunidades, e mantenham a sintonia da energia crística da manifestação do equilíbrio e da vitória na ascensão.

Que possais elevar vossas mãos para o alto neste momento.

Em nome, no poder e nas bênçãos de todos os seres, reativamos vossos chacras das mãos, para que possais abençoar, curar e fortalecer o vosso propósito em nome da fé. Que possais colocar a mão direita sobre vosso coração e a mão esquerda acima da mão direita.

Em nome, no poder e nas bênçãos de todos os seres, reativamos a vossa sagrada Chama Trina em vossos corações na presença do Pai, do Filho e do Espírito Santo em vós, para que, no poder da fé, da determinação, da vontade divina, da iluminação, do discernimento, da consciência, da sabedoria e do amor incondicional, possais vibrar na sintonia de um novo ciclo, a fim de que todos sejam a energia da transmutação em ação.

Fortalecidos pela chama do sagrado, que possais resplandecer a luz da renovação; cada vez mais próximos da determinação, que possais reencontrar o caminho do meio; e na luz do discernimento, resplandecereis a luz da vossa verdade e da vossa fé. Assim, estareis compartilhando a vossa luz interna.

Amados filhos, é momento de transmutar e manifestar. Todos os vossos pensamentos são plausíveis de vir à tona, para que possais vivenciar a vossa plenitude e a vossa realização, a abundância e a energia da cura e do equilíbrio de vossos novos ideais.

Basta apenas que possais confiar e armazenar todas as frequências vibracionais em vossas mentes, em vossos corações e em vossas vidas. Assim, estareis resplandecendo as irradiações que enaltecem a luz que sustenta um novo tempo, por meio do redirecionamento do vosso livre-arbítrio e de vossas novas escolhas crísticas, em nome da maestria e da vitória na luz.

Que no poder do amor incondicional, todos readmitam o potencial criativo e manifestem a sintonia da responsabilidade em servir o poder supremo da luz de Deus-Pai-Mãe Eu Sou Vitória em ação.

Que na força do amor incondicional, possais sustentar o vosso propósito divino.

Que possais silenciar alguns momentos, para que atuemos em vós.

Que neste tempo de reavaliações, possais sustentar o vosso poder interno; e que na luz do amor incondicional, possais revigorar a única perfeição existente, que é a chama da vossa energia da unidade pelo poder da alma.

Visualizai à vossa frente o planeta Terra na chama verde da cura, dourada de uma nova consciência, violeta da transmutação e branca da paz, para que todos os seres reavaliem as próprias formas-pensamento e as decisões, e estejam a serviço do coração crístico.

Amados Filhos, que possais sempre renovar o poder da autocura, compreendendo que sois o potencial da Cocriação; e na chama do vosso livre-arbítrio, devereis reestruturar as vossas vidas terrenas, em nome do respeito mútuo e da fé.

Alinhados com a consciência e a Inteligência Crística, manifestareis apenas o sagrado, o belo, o próspero, a força que vos traz a longevidade e a imortalidade.

Reconhecereis as grandes oportunidades vindouras em nome da fé; e determinareis que todos são o potencial criativo pela força da inovação, assim, estareis aptos a reconstruir a vossa nova realidade individual e planetária, na união de formas-pensamentos, nas bênçãos do amor incondicional.

Todos os seres estelares, interdimensionais, interplanetários se aproximam do plano terrestre neste momento, para que possam auxiliar o vosso progresso e, acima de tudo, manifestar as energias eletromagnéticas, a fim de que todos despertem rapidamente.

Que possais concentrar vossas atenções, daqui para a frente, no presente e no futuro, agradecendo ao vosso passado, reverenciando e honrando o vosso passado, mas compreendendo que estais vivos, para que possais criar um futuro e viver o presente.

Viver o *momentum*, o instante sagrado, é a força motriz do vosso *momentum* único; a energia que propicia a verdadeira evolução e a verdadeira iluminação; a chama da fé que determina o vosso redespertar da consciência; e a luz que ancora o vosso propósito divino, para que todos os seres estejam diante do sagrado e fortaleçam os vínculos crísticos, com amor-sabedoria, em nome do poder da Chama Trina em ação.

Que possais renovar o vosso comprometimento com a verdade, sabendo que vossos corpos, vossas mentes, vossos ideais, vossas vontades e percepções são portais interdimensionais.

Tudo em vós é uma grande oportunidade, para que possais potencializar a mudança consciente em sintonia com a alma. Tendes um corpo biológico; por meio do vosso biotipo tridimensional no corpo da matéria, e pelo vosso corpo da matéria, já foi alinhado e reajustado exponencialmente, para que possais sustentar o DNA e a força da energia da luz; e para que possais acelerar o vosso processo da saúde perfeita.

Que possais exercitar, todos os dias, o perdão e a gratidão, a força da bem-aventurança e o processo meditativo, elevando a vibração de vossos corpos, e atraindo novas perspectivas positivas e edificantes.

Que possais cuidar de vossa nutrição física, celular; as energias de vossas escolhas nutrem vossa realidade.

Que possais entender a urgência da sintonia no Equilíbrio neste momento.

Nós observamos a evolução humana e queremos que todos sejam vitoriosos. Por meio da maestria, que todos atinjam a iluminação consciente, também, a energia da perfeição crística. Assim, devereis manifestar as irradiações congruentes com o poder da Presença Eu Sou em ação, para que, no fortalecimento da vossa verdade, possais continuar reescrevendo a vossa nova realidade mediante o respeito mútuo e a vossa própria fé.

Que possais criar o vosso futuro, curando vossas experiências passadas; que possais vos relembrar de que devereis valorizar o vosso tempo presente, este momento no instante sagrado, a força que vos mostra a eternidade, para que possais espelhar a vossa força crística, em nome de novos ideais.

A humanidade deverá despertar rapidamente para que possa compreender que o tempo é o seu bem mais precioso, pois as energias ao vosso redor são a sintonia da perfeição; a força que engrandece o fortalecimento da fé; e a energia, que é o prenúncio deste novo ciclo, para que juntos possais professar, pela luz da misericórdia, a sintonia de vossos corações e cérebros, na irradiação do poder da chama violeta em ação.

O fogo violeta da purificação tem o propósito de acelerar, manifestar, atrair e conduzir a humanidade rumo à liberdade. Liberdade mental, liberdade de todos os grilhões que causam sofrimento, dor e limite.

Que possais invocar pelo fogo da purificação e atrair, pela fé, a energia que engrandece o fortalecimento de vossos novos caminhos, e que faz com que possais expandir a consciência crística e atingir a inteligência crística.

Vossos irmãos interdimensionais e interplanetários e os Confederados ativaram a Inteligência Crística de todos os seres humanos encarnados, bem como de todos os reinos, vegetal, mineral, animal, hominal; ativaram também toda a grade eletromagnética planetária, todos os vórteces de luz, todos os reinos minerais, todos os cristais lemurianos e todos os cristais que trazem à tona a luz da autocura, além do potencial da verdadeira maestria e ascensão.

Que possais entender que a humanidade ficará cada vez mais sensível. Tendes entre vós muitas crianças e vários adultos que têm excesso de sensibilidade e não sabem lidar com esta energia, O processo desta transição planetária durante a pandemia fez com que a humanidade ficasse mais frágil, porém, é hora de retornar ao ponto de apoio, que é a fé, a segurança na espiritualidade, o poder da decisão, por meio das irradiações que elevam vossos pensamentos rumo ao discernimento, para que possais, ancorados na luz da vossa sabedoria ancestral, reconstruir a vossa nova realidade, por intermédio de valores e recursos, das energias e das vossas escolhas conscientes a cada despertar, a cada dia de vossas encarnações.

Que nesses processos iniciáticos possais reavaliar o vosso propósito, reafirmar o vosso poder e consentir que todos que convosco caminham estejam fazendo parte da mesma energia ilimitada.

O ser humano necessita mudar o poder do limitado para o ilimitado, nas irradiações da força que propicia bem-aventurança; o poder maior que nutre vossas vidas pelo acesso ilimitado a todas as dimensões e a todos os portais, para que possais sentir a vibração, a frequência do amor e a energia crística da vossa própria paz interna.

Visualizai à vossa frente o planeta Terra na chama verde da cura, dourada de uma nova consciência, violeta da transmutação e branca da paz, a fim de que todos os seres reafirmem o amor-sabedoria em nome da vitória na ascensão.

Visualizai, por meio de vosso chacra frontal, um grande caudal de luz violeta que se dirige a toda a humanidade, a todos os dirigentes governamentais do Brasil, berço do novo milênio e da vossa Mãe Terra.

Visualizai, por intermédio de vosso chacra frontal, um grande caudal de luz verde-esmeralda que se dirige a todos os hospitais, a todos que não têm um leito, a todos os doentes, físico, mental, emocional, astral; que todas as forças sejam transmutadas em nome da luz, para que todos possam reavaliar as suas encarnações e, assim, manifestar a sintonia do eterno a partir da força e do preceito que sustenta a energia do amor incondicional, a fim de que juntos possais reafirmar o vosso propósito em nome da paz.

Que possais elevar vossas mãos para o alto neste momento.

Em nome, no poder e nas bênçãos de todos os seres, reativamos vossos chacras das mãos, para que possais abençoar, curar e fortalecer o vosso princípio rumo à vitória na iluminação.

Que possais colocar a mão direita sobre vossos corações e a mão esquerda acima da mão direita.

Em nome, no poder e na bênção de todos os seres, reativamos a vossa sagrada Chama Trina, na presença do Pai-Filho e do Espírito Santo, para que no poder da fé, da determinação, da vontade divina, da iluminação, da sabedoria, da consciência, do amor incondicional e da abertura de caminhos, possais reconhecer as oportunidades vindouras; manifestar a sintonia que sustenta o equilíbrio; e reencontrar o vosso novo tempo, para que se cumpra na Terra a chama da iluminação consciente, a fim de que a Inteligência Crística possa atrair a benevolência, a bem-aventurança, a maestria e a autorrealização de toda raça humana encarnada na luz do eterno agora.

Sustentados por Deus, que possais vos relembrar de que sois cocriadores e sois a Presença de Deus Eu Sou Luz em ação. Vitoriosos, abraçareis a oportunidade ilimitada em recriar, manifestar e atrair a percepção verdadeira, rumo à vossa vitória na ascensão.

Que possais sustentar a vossa alegria e felicidade, a vossa saúde e plenitude, vivenciando da melhor forma possível vosso eterno agora, por meio da energia que resplandece a vossa sintonia de alma e o processo intuitivo, em nome da fé, da paz, do amor e da harmonia; e que na perfeição possais reencontrar o bálsamo da bem-aventurança, em nome da vitória e da unidade com todos os reinos em desenvolvimento e expansão de consciência, rumo à vitoriosa conclusão.

É chegado o momento de a humanidade transcender a energia que não mais serve às irradiações da verdadeira força do poder do amor incondicional.

Faremos a preleção em sintonia com vosso corpo biofísico, vosso corpo fisiológico, vosso corpo mental, vosso corpo crístico.

No corpo biofísico, tendes a oportunidade de manifestar, pela chama crística cristal, a luz maior que traz a mônada e a vossa compreensão por meio da alma.

A luz da vossa Presença Eu Sou é a energia da fé, que está sustentada por intermédio de vossos nervos e das irradiações de vossas glândulas pineal, pituitária e timo; são as energias que engrandecem no fortalecimento de vosso cérebro e que fazem com que possais vibrar oitavas superiores, manifestando, assim, a força da maestria, na verdadeira chama da perfeição.

Amados filhos, é chegado o momento da transcendência e da evolução, do amor e da paz. Que possais compreender como funciona o cérebro tridimensional; tendes o impacto da vossa evolução por meio de vossas crenças do passado, de vossos atos, de vossas escolhas, do impacto visual e olfativo de vossas realidades tridimensionais.

Que possais compreender, então, o mecanismo do cérebro humano, no qual o cérebro vibra muito mais em sintonia com a intuição, no processo da vossa alma, do que na razão e na lógica do passado.

Vivenciais um momento em que todos os seres são interdependentes, todas as raças, todas as forças, todos os reinos, mineral, vegetal, animal, hominal; uns dependem dos outros para que possam sobreviver e vivenciar a chama da longevidade e da imortalidade.

Vosso código genético prevê que possais vivenciar o tempo que vossas almas determinarem.

Antes de encarnar, vossa alma se apresenta junto à Tribuna Cármica, para que possais escolher vossas devoções, vossas virtudes a serem compartilhadas na Terra, enquanto vosso corpo biológico estiver sobrevivendo por meio da luz.

Encarnastes no corpo tridimensional, para que possais cumprir vossas tarefas biológicas e, assim, executar vossas missões pela luz que traz a todos, a alegria, na chama da maestria da Presença Eu Sou.

Com o passar do tempo, vossos talentos se expressam e se irmanam pela chama que atrai o poder da fé.

É chegado o momento da verdadeira transformação, da magia espiritual e física, pois os seres humanos têm à sua disposição toda a energia e o aparato espiritual para que possam, assim, manifestar as irradiações de longevidade e imortalidade, dependendo das crenças, das atitudes concisas, da saúde e da preservação da forma-pensamento por meio da luz.

Nós ativaremos a consciência crística e ilimitada em todos os reinos encarnados na vossa bem-amada Mãe Terra, basta que cada um de vós, em sintonia, possa acreditar na energia da luz e reverter as energias e os parâmetros, os paradigmas do passado limitadores, que criaram irradiações que levaram ao sofrimento, para que possais continuar alicerçados na chama da alegria e da felicidade.

A luz da vossa consciência ativa vossas evoluções e vossas crenças. A imortalidade pertence àqueles que creem na vida, que creem na luz, que se irmanam pela da fé e potencializam, por meio do preceito da chama da Presença Eu Sou, a força que conjuga a comunhão crística mediante a força, que é a sintonia única do potencial da fé inabalável por intermédio de tudo que sois nas energias tridimensionais.

Vosso corpo fisiológico responde de acordo com os impulsos de vossos elétrons, de vossos átomos, de vossas formas-pensamentos, de vossos sentimentos.

Que possais impulsionar as energias da alegria e da felicidade, que possais fluir com a vida, dançando de acordo com a vossa sintonia, na força do amor, manifestando, pelo equilíbrio, a chama da fé.

Vosso DNA, por meio de todas as energias e filamentos intercalados, traz a força da consagração da energia máxima da luz e a força da preservação da consciência por intermédio da saúde e da irradiação da imortalidade e da longevidade.

Amados Filhos, é chegado o momento de todos os seres encarnados vivenciarem a longevidade.

A longevidade é a força da prática de vossas formas evolucionais, da forma-pensamento e da força que determina vosso coração.

A força da liderança de todos os reinos hoje encarnados está pautada na energia do coração e não mais da consciência.

Amar incondicionalmente é servir, é preservar a consciência e buscar no alicerce da alma, a chama da paz plena e o fortalecimento da sabedoria.

Vossas células, moléculas e átomos estão a serviço do vosso DNA.

A chave para vivenciar a imortalidade é o amor incondicional.

A imortalidade é um *momentum*, uma frequência de luz, é uma energia, é uma força, é a luz da sabedoria, é força máxima que, por meio do alento da respiração do éter, manifesta a frequência crística, para que possais vivenciar a imortalidade.

Devereis apenas RESPIRAR e buscar, pela luz que preserva a consciência, a manifestação de vossos novos caminhos, removendo obstáculos e transmutando limitações, reencontrando na luz do amor a chama que preserva a unidade.

Amados filhos, é chegado o momento de a humanidade reaprender a trilhar o caminho divino em corpo tridimensional, pois sois semideuses em ação e sois seres crísticos em corpos tridimensionais.

Cada vez mais percebereis a importância da vossa alimentação.

Que possais comer cada vez menos, pois o alimento hoje contaminado por formas-pensamentos traz as chamadas doenças e outras causas injustificadas por meio do limite, da dor e de vossas limitações.

Ativaremos todo o inconsciente coletivo da humanidade, todos os seres são convidados a manifestar a longevidade e a imortalidade.

Vivenciais hoje um momento muito forte; vossos corpos tridimensionais talvez não estejam suportando vossas dores nas articulações, e sinais eletromagnéticos estão sendo ancorados em vossa Mãe Terra.

A qualidade da respiração e da vossa atenção manifestará a imortalidade.

Amados Filhos, é de vital importância que possais aceitar vossos corpos tal como são, pois escolhestes a vossa encarnação diante da Tribuna Cármica; que possais abraçar e amar incondicionalmente vosso corpo físico, vossas estruturas e ligamentos, vossos ossos e vossos músculos, vossos nervos e vossos órgãos, para que vossas energias e tecidos possam reverberar pela luz, a consciência da sabedoria e da força que reverbera a energia da unidade na consciência da força da paz.

É momento de todos os seres aprenderem o poder da inspiração e da expiração, alinhados com o poder maior do batimento cardíaco da vossa Mãe Terra.

Amados Filhos, a longevidade ocorre quando vossas mentes amam incondicionalmente, quando vossas mentes não mais julgam, mas preservam o respeito com consciência, quando vossa força mental intui e alicerça a consciência crística que desperta.

Que possais visualizar à vossa frente, na tela branca, o vosso corpo e o vosso coração pulsando em total sintonia com o pulsar do coração da Mãe Terra.

Que possais sentir, em vosso coração e em vosso corpo, o pulsar das frequências de Luz de vossa bem-amada Mãe Terra.

Transcendência significa estar além de vossos limites tridimensionais em todos os sentidos.

Alquimia simboliza o pulsar da luz que determina a vossa respiração, toda força que cura, a energia que manifesta saúde, sintonia que age por meio da abundância.

Que possais despertar conclamando vossas células a não mais servirem energias e crenças limitadoras; tudo é mutável no universo, tudo transforma, tudo evolui e tudo traz a energia crística da perfeição.

Que possais ser, por meio do amor, a chama crística que preserva a consciência, pela força da fé, a luz que traz a sabedoria, mediante vossa nova consciência, a chama que determina a saúde, a longevidade e a imortalidade; que possais ancorar a paz.

Agora, alicerçados pela força do batimento cardíaco de vossa Mãe Terra, no centro do vosso cérebro, por meio das energias da pineal e da pituitária, vossas glândulas sagradas manifestam as energias que trazem a transcendência do vosso plano tridimensional e ativam, pela consciência crística, vosso chacra frontal, vosso terceiro olho, energia da consciência, a força búdica, o poder da iluminação, a força deste novo *momentum*.

Em nome e no poder de todos os seres, nós **reativamos vosso cérebro** para que a luz da transmutação; da abundância; da plenitude; da abertura de novos caminhos; da longevidade; da força que traz a verdadeira alquimia possa, neste momento, elucidar vossas mentes mediante a mente crística, atingir, pela fé, novas formas-pensamentos, manifestando, por meio da luz, a energia da sabedoria que desperta pelo vosso livre-arbítrio e manifesta a vossa verdadeira sabedoria.

O ego não mais deverá ter força (três vezes) sobre todo o inconsciente coletivo da humanidade. Para apagar as ilusões do ego (três vezes), basta aprender a vivenciar a luz (três vezes).

A luz é a força ressonante por meio do amor (três vezes) e na chama do amor incondicional reconhecereis a sua liberdade (três vezes).

O amor incondicional é a tônica deste novo tempo (três vezes), para que todos os seres preservem a consciência e manifestem a iluminação.

A iluminação ocorre quando vossas mentes crísticas atuam pela força que reverbera amor incondicional.

A vida é um grande processo e uma grande viagem, uma grande jornada na luz de vossos sentimentos, pensamentos, e a todo instante tendes o poder de mudar totalmente vossas realidades, de acordo com o preceito maior de vossas vidas; que possais entender a verdadeira preocupação ou ocupação de vossas mentes, que deverá ser em colocar a vossa atenção em energias fortes, forças positivas, irradiações concisas na fé e na luz do amor incondicional, energias que trazem um novo caminho, força do amor alquímico que manifesta a energia que, mais uma vez, atinge a chama crística da consciência da unidade e a força que revela, na verdadeira irradiação do amor incondicional em ação.

É momento de perdoar. Vosso DNA está se ampliando, energias do código genético trazem a consciência que sois luz em corpos tridimensionais e esta é a luz que deverá continuar a brilhar em todas as vossas células, moléculas, átomos, filamentos, órgãos, para que possais sentir os impulsos eletromagnéticos da manifestação da força da perfeição.

Amados Filhos, que possais vos resguardar de todos os alimentos que não condizem com as energias das forças naturais e que possais ingerir o elemento água, para que possais fluidificar vossas células, moléculas, átomos, vossos órgãos e estruturas, a fim de que, na energia que traz o poder do eterno agora, possais desfrutar do poder da transformação e edificar vosso novo caminho, para que todos os seres sejam a força que expressa, por meio da vida, a energia do amor.

A humanidade regrediu na época da Atlântida e da Lamúria pela força exacerbada do ego-personalidade que conduziu à destruição e às guerras.

Hoje vivenciais a mesma frequência, o que significa que seres encarnados ainda acreditam no limite, na violência, nas guerras e essas energias deverão ser transformadas agora.

Nenhum continente é mais evoluído que outro, e nenhum ser humano é mais ou menos que outro ser humano. Todos os seres humanos são iguais perante o poder supremo de Deus.

Viver é um ato ilimitado; é um ato de fé, é a chama da paz, é a consagração de vossos novos ideais, é a busca das fronteiras de um novo caminho, é o preceito da sabedoria que impulsiona todos os reinos a manifestar o poder que reescreve um novo relacionamento na chama da alquimia; que transcende vossa compreensão por meio da manifestação da verdadeira chama crística do amor e do reequilíbrio de vossos corpos, moléculas e células, para que possais celebrar a vida a cada alvorecer.

Que o Brasil seja a âncora do despertar desta Consciência Crística. Por meio de todas as formas-pensamento que reverberam Paz, que possais concentrar vossos esforços no reequilíbrio, e reencontrareis o bálsamo do que sois, reconhecendo vosso real Poder Crístico, para que a Paz prevaleça sobre a Terra nas bênçãos do amor incondicional.

É chegado o momento da verdadeira transformação. Que possais abrir vossos corações e vossas mentes para retornar ao sagrado, manifestando a força da vossa Presença Eu Sou em sintonia com a Unidade infinita.

A longevidade pertence a todos os seres que acreditam na luz, manifestam a luz e vivenciam a luz.

Vivenciais um momento único de transformação **em que a humanidade, pelo poder da transcendência, deverá abdicar do passado, do limite, da dor e do sofrimento.**

O livre-arbítrio humano levou o homem a exacerbar o ego e as ilusões, e na manipulação de todos os seres alheios as irradiações sucumbiram. É momento de purificar energias e retornar à Fonte, para que a luz renasça e manifeste o poder verdadeiro da transmutação em ação.

Este é um recomeço, o limiar de uma nova força motriz por meio da mente, a sintonia que ancora o poder pelo propósito da alma, a luz da liberdade que reconhece o poder do Altíssimo mediante a graça, a força do equilíbrio que traz, na tenacidade, a sintonia única do poder intuitivo pelo amor incondicional.

A força do poder da Chama Trina, a centelha de Deus-Pai-Mãe que está em vossos corações em sintonia com vossa Presença Eu Sou acima de vossas cabeças, mais precisamente um palmo acima de vosso chacra coronário, estabelece a conexão com a força do vosso cordão de ouro, pela irradiação do amor incondicional em ação.

Enquanto vossos corpos físicos descansam, por intermédio do cordão de ouro vossa alma se une a outros corpos e, assim, vivenciais a plenitude da leveza e da liberdade. Vivenciais presente, passado e futuro ao mesmo tempo; novas frequências e novas irradiações, visitando mundos paralelos e vivenciando vossas novas realidades, nas energias que flamejam a consciência maior da paz, enquanto nossos corpos de luz "voam livres pelas várias dimensões".

Vivenciais um momento de conflito, criado pelo ego-personalidade, a mente dividida que se separou da luz e que gera o caos.

Agora, a energia do reequilíbrio retorna e abençoa a humanidade, para que todos os seres possam compartilhar a alquimia de um novo tempo de iluminação e paz, que reconhece o poder da fé e do equilíbrio, retornando ao sagrado e manifestando luz, que ancora o verdadeiro poder da consciência humana em sintonia com o processo de transformação.

A transformação ocorrerá em todos os reinos encarnados sem exceção: mineral, vegetal, animal, hominal. Porém, aqueles que

no vislumbre da consciência aceitam a possibilidade de vivenciar a longevidade, a imortalidade, serão os precursores a vivenciar as irradiações dessa nova crença, pela luz da própria fé.

Nada devereis forçar em vossas vidas, pois a ciência da vida é a leveza, a simplicidade, a pureza, ancorados na luz da perfeição.

Na Chama da Presença Eu Sou, reconhecereis que tudo é possível; na energia do vosso poder, atingireis o propósito que renasce, e a cada instante percebereis a importância de estar cada vez mais próximos da chama da verdade.

Amados filhos, que todos os reinos transmutem crenças passadas e energias que não condizem com as bênçãos da luz. A força do amor vos conclama a servir a chama da alma, preconiza o reequilíbrio e manifesta reestruturação de todas as vossas membranas e nervos, forças e impulsos eletromagnéticos, células e fotocélulas, para que vossos Corpos de Luz assumam a totalidade da vossa vida e da vossa própria alma e, assim, atinjam a chama da perfeição em corpo tridimensional.

Vossos corpos hoje ainda vislumbram imperfeições, doenças e desequilíbrio, porque vossas crenças estão centradas mais na comparação e na competição do que na Luz.

Aqueles que vislumbram e manifestam o reequilíbrio, a sintonia que eleva a vida, revelam a onipotência da saúde, vivenciam o amor incondicional e manifestam a energia como exemplos vivos nas forças que personificam a irradiação mestra de um único tempo de paz.

Que possais sempre expandir a paz e a consciência de paz a cada uma de vossas células; vossos órgãos; vossas energias; vossas formas-pensamento; vossas sintonias. **Que possais vos relembrar de que sois seres únicos, na força da Presença de Deus-Pai-Mãe; cada santo ser encarnado foi criado à imagem e semelhança da verdade e da perfeição crística, na luz da vitória e da maestria.**

Quando assumistes a forma humana, a energia ilusória do ego-personalidade vos distanciou da força da luz.

É momento de retornar a essa consciência de luz e unidade para que, no processo da transformação, todos os reinos possam atingir as bênçãos de reequilíbrio, sedimentando e ancorando a força que enaltece a verdade, para que vossas vidas estejam de novo centradas na chama da verdadeira fé.

Que possais vislumbrar este novo tempo.

Quanto mais silêncio fizerdes, maiores serão vossas recompensas, pois o arauto deste novo tempo é o silêncio mental, é a não comparação, é o mergulho na plenitude na chama de Deus que habita em vós, a força da consciência de vossas formas evolucionais que manifestam a perfeição e a chama do reequilíbrio, a harmonia em servir o poder da fé, a luz do livre-arbítrio que enaltece um novo tempo, e a chama que personifica a experiência humana como experiência extrafísica, para que todos atinjam a perfeição em ação.

A Alma é imortal, o corpo tem que ser imortal, pois o corpo é a vestimenta da alma.

Que possais entender que vossos corpos são os reflexos das energias do vosso poder interno, e a luz reflete vossas realidades por meio de crenças do passado.

Novas irradiações fortalecem o vislumbre constante com a sintonia que ancora o fortalecimento da Paz da Presença Eu Sou em vós.

Quanto mais vossos corpos estiverem próximos à luz da Presença Eu Sou, maiores serão as revelações que atrairão a humanidade à onipotência divina, ao vislumbre constante da força que determina este novo tempo da fé, à luz maior da sabedoria que resguarda todos os reinos, enaltece o compromisso do fortalecimento do caminho da Vitória.

No princípio desta nova jornada, caminhareis lado a lado com vosso Santo Ser Crístico, percebereis que sois unos e que sois uns reflexos dos outros; e quanto mais seres manifestam a chama da perfeição, todos sobem mais um degrau na escada evolutiva pela chama que traz a impermanência e a maestria, por meio da força da verdadeira consagração da iluminação individual e planetária.

É chegado o momento do resgate, o resgate do que sois, da vossa consciência crística, da vossa consciência búdica, da luz do silêncio, da impermanência, da força que é o Sol Interno, a energia que flameja a irradiação máxima do amor incondicional, a luz da fé que enaltece a simbologia única do poder que transforma, a irradiação que retorna ao sagrado e iguala todos os reinos em união por meio do poder ilimitado, pois sois seres ilimitados em corpos tridimensionais. As energias do vosso ser ilimitado transcendem vosso tempo-espaço, para que possais atingir as irradiações que permeiam esse novo alicerce, mediante a sabedoria, na energia que renuncia tudo que não condiz com as forças da maestria e da vitória da iluminação.

A chama da longevidade pertence à crença. Aqueles que creem na saúde vivenciam a saúde, aqueles que creem na doença criam ilusões.

Que possais entender que o corpo é a força que obedece às vossas formas-pensamento, às vossas palavras faladas e às vossas energias ativas na consciência do que sois.

Sois seres crísticos em corpos tridimensionais, sois fontes da juventude eterna por meio da luz.

A cada dia vossos corpos se regeneram, a cada instante vossas vidas predispõe a servir a força da imortalidade e a chama crística da eternidade.

Como devereis perecer se vossas almas são eternas, se vossos **corpos também podem ser eternos, dependendo da vossa crença e da vossa atitude a partir deste novo tempo, onde todos os seres, sem exceção, mesmo aqueles que não creem, têm a mesma oportunidade de vivenciar a longevidade e a imortalidade.**

A luz do poder de Deus traz a intervenção crística da paz, sintonia única que transcende vosso tempo-espaço e atinge as forças de fé.

Vivenciais novas formas-pensamento por meio do vislumbre constante da iluminação.

Que possais vos relembrar de que a ciência deu passos gigantescos rumo a novas descobertas de vosso sistema solar, de vosso universo e de outros universos em expansão, mas que possais conceber que as energias da força crística de Deus-Pai-Mãe são muito maiores e, acima de tudo, mais amplas do que as forças concisas, do que a vossa ciência hoje tridimensional vos revela.

Muitas das energias sábias retornam, para que possais reconhecer a transcendência e a força do amor incondicional em ação.

Que possais entender que vosso corpo biológico é um universo, cada parte do vosso corpo, cada órgão, corresponde a um sistema solar, a uma forma-pensamento, a uma evolução.

Tendes o poder de regenerar e curar, manifestar e harmonizar, reconsiderar e reequilibrar; que possais então dar voz a cada célula; a cada órgão; a cada ligamento e estrutura; a cada poder que potencializa as irradiações que reconhecem a força que neste momento transcende vosso passado e alicerça, pelo eterno agora, a luz maior da alquimia, a força da iluminação e da paz plena, a energia que se rende por meio da graça eterna mediante o milagre a cada instante de vossas evoluções.

Amados Filhos, é com grande alegria que compartilhamos convosco a graça eterna da imortalidade e da longevidade.

As forças do discipulado nunca foram tão fáceis. Que possais simplesmente vivenciar a luz da verdade, vivenciar a força do perdão e a chama da misericórdia para convosco mesmos.

Percebeis que vosso plano tridimensional está cada vez mais interligado.

Todos os seres interdependentes manifestam a força do sistema ecológico, a energia que traz a cadeia da evolução rumo à força da própria maestria em massa.

Que possais entender que perdão e misericórdia são necessários neste momento, não devereis mais ocupar mentes com energias do passado, mas permanecer cada vez mais próximos das forças que transcendem o momento presente e manifestam amor: a sintonia e a irradiação correta neste tempo de mudança. Por meio do amor, reencontrareis o bálsamo constante que ancora o poder do vosso livre-arbítrio em ação.

Vossos corpos são seres vivos, vossa luz e a vossa alma são o poder que protagoniza, pela energia da redenção, a sintonia única que transcende a compreensão humana e atinge, mediante a fé, todo compromisso que neste momento reconhece o poder do vosso livre-arbítrio.

Todos os seres encarnados ancoram a força que prevalece, buscam a luz da sabedoria e retornam à energia da magnitude de cada célula; de cada *momentum*; de cada forma evolucional; de cada vislumbre de poder; de cada sintonia que manifesta a verdadeira chama da revelação.

Revelação é consciência, energia da paz que ancora o poder crístico, sintonia única que transcende a compreensão do vosso novo tempo, luz do potencial da igualdade que irmana todos os reinos a estar cada vez mais próximos da devoção por meio do amor compartilhado.

O amor incondicional é a chave deste novo tempo de longevidade e imortalidade.

Vossas vidas são o vislumbre constante da consciência de paz, a sintonia da sabedoria que determina um novo tempo, a chama que preserva e conserva a vossa consciência por meio da devoção e a luz do reequilíbrio, que ancora o poder maior da vossa verdadeira fé.

A espiritualidade nunca foi tão necessária como nesses momentos de transformações. Percebereis que somente pela sintonia da fraternidade, pela conscientização e pelo respeito mútuo, atingireis a evolução individual e planetária.

O coração é a chave para a vossa imortalidade, a chave para a vossa saúde, a chave para a vossa própria vida.

Reconhecendo o poder de Deus em vós, permanecereis cada vez mais próximos do absoluto.

Que possais vivenciar o silêncio. Mergulhados na chama do silêncio, transmutareis trevas, que nada mais são do que iscas do vosso ego-personalidade que todos os dias criam tentações.

Que possais entender que aqueles que reencontram o caminho da paz permanecem cada vez mais centrados na chama do espírito, reavaliam existências por meio da fé e manifestam a luz do eterno agora.

Todos os seres encarnados buscam, pelo Santo Ser Crístico, a consciência de unidade, o respeito à luz da sabedoria e o fortalecimento do caminho único no processo da transformação consciente.

Todos os reinos encarnados manifestam a oportunidade de mudar suas existências se assim quiserem; este é o momento único em que, por intermédio do livre-arbítrio, todos os reinos atingirão o patamar da transformação.

Amados Filhos, que possais vos relembrar de que o Plano Espiritual atua de acordo com o livre-arbítrio humano, para que possais continuar escolhendo vossas vidas, vossos propósitos, vossas diretrizes e vossa nova jornada, por meio do vosso crescimento individual e planetário.

Com a chegada dessa nova onda de frequências crísticas, mediante a longevidade e o rejuvenescimento, vivenciareis as energias plenas do amor incondicional.

Chegará um tempo, em breve, em que vivenciareis formas holográficas, ou seja, vossa forma-pensamento irá ser plasmada no plano tridimensional.

Que possais entender a importância de vossas formas-pensamento estarem cada vez mais fortalecidas pelas energias da onipotência do positivismo, a força centrada na luz da harmonia, a energia da alegria que traz a inteligência do amor incondicional, a força que transcende o tempo tridimensional e atinge, por meio de vossas diretrizes, as energias máximas do poder crístico, a verdadeira luz pela chama da gratidão.

Da mesma forma que vossos pensamentos têm vida, vossos sentimentos têm muito mais vida e força.

Vossos sentimentos deverão estar alinhados com as energias da percepção.

A percepção é a sintonia sutil de vossas intuições e de vossas projeções, como seres divinos em corpos tridimensionais.

Pela vossa percepção, entendeis e compreendeis o mundo. Lembramos a importância de não mais analisar os fatos e julgar, mas manifestar vossas energias por meio da certeza do caminho único da força da paz; na consciência de paz; e na energia que atrai a paz, e reconhecereis que todos os tratados universais um dia serviram à humanidade para que todos pudessem continuar evoluindo. É **nesta mesma força do projeto da evolução que iniciamos a força da imortalidade e da longevidade, a fim de que todos os filhos da luz,**

os quais conscientemente abraçarem esta energia e oportunidade vivenciem o tempo que quiserem pelo amor incondicional, centrados no poder da própria alma.

Servindo à luz da vossa razão crística, obedecereis às leis da fé e às leis de Deus-Pai-Mãe. As leis de Deus-Pai-Mãe são leis do amor absoluto; chama que congraça o fortalecimento da unidade; energia do princípio universal, que traz o tratado único do círculo da vida, em que sem início nem fim, todos fazem parte da força crística da verdadeira chama da evolução e, assim, concebem, pela fé, as energias determinantes de um novo caminho, para que todos os seres possam obedecer e alinhar as energias por meio do poder do propósito crístico da unidade infinita.

Devereis vivenciar a vossa simplicidade, a vossa pureza de alma, e cada vez mais vivenciar a vossa leveza.

Leveza em vossos corpos tridimensionais, leveza em vossos pensamentos, leveza em vossas energias e em vossos sentimentos, em vossa vida.

Que possais entender que a humanidade hoje vislumbra a força da vida; a luz maior do poder da existência; a força que traz a celebração e a comemoração de um novo tempo; a luz da alegria que se irmana por meio da solidariedade, para que todos os reinos sustentem e elevem suas energias e manifestem, pelo poder máximo da unidade, o milagre e a graça da vida a cada instante de vossas evoluções.

A centelha universal da imortalidade vos pertence; já foi projetada e já foi acoplada em vossas auras e na vossa irradiação no chacra da coroa, para que, pelo chacra coronário, no alto da cabeça, possais, mediante vossa mente crística, realimentar as energias de igualdade, amor, paz, reequilíbrio e a transcendência por meio da fé, e reescrevereis vosso novo tempo com respeito mútuo; vosso novo caminho, vossa nova energia, vossa nova diretriz, vossa nova sintonia que atrai todo o poder que fortalece o compromisso único com as irradiações maiores da unidade, a fim de que todos os seres despertem e possam estar próximos às forças que determinam este novo *momentum* planetário por intermédio do grande propósito divino, pela chama da iluminação.

Amados Filhos, tudo faz parte da mesma e grande engenharia crística de Deus-Pai-Mãe, na grande máquina, como vosso corpo biológico é assim chamado. Aqueles que vivem plenamente cada segundo têm a oportunidade de fazer com que as irradiações das leis eternas prevaleçam sobre o planeta.

Que possais manifestar, pelo vosso livre-arbítrio, a consciência de longevidade e de imortalidade, as forças determinantes por meio da fé e o vislumbre da vossa própria vida, a chama da sabedoria e o reencontro do sagrado, a luz do poder que traz o renascimento e a força que determina este novo tempo, para que todos os seres celebrem a comunhão de formas evolucionais e atinjam, mediante o poder máximo do coração, a energia da verdadeira linguagem, a verdadeira força que muda o planeta, que muda a evolução humana e sustenta as irradiações prévias das energias do ilimitado, amor incondicional em ação.

Vossas vidas deverão ser cada vez mais leves. Todos os seres encarnados neste momento se erguem diante do poder do livre-arbítrio, manifestam, pela fé, todo o poder da alegria.

Que possais continuar professando a chama do livre-arbítrio, irradiações que determinam este novo *momentum* por meio da celebração à vida a cada instante de vossas evoluções.

Observamos vossas atitudes, vossas ações, vossas energias, vossas escolhas, e entendemos que a humanidade passa por um novo aprendizado.

Que possais aprender as verdadeiras **chaves para atingir a longevidade e a imortalidade por meio dos princípios da vida: integridade e consciência, para viver em sociedade mediante o respeito mútuo e, assim, pela luz da compaixão, atingireis a luz da fé.**

A longevidade e a imortalidade são atitudes conscientes a cada instante, que revelam a força da vossa saúde e consciência, a chama da vossa tenacidade e a força do resguardo por meio da fé, energia que flameja o amor incondicional e a chama do indivisível, que mais uma vez faz com que todas as irradiações se fortaleçam e prevaleçam, para que todos os seres sustentem, pelo amor, a força da sabedoria, a fim de que todos os reinos atinjam esse *momentum* único de transformação consciente.

Visualizai vossos corpos transpassados na chama violeta que transcende vosso ser e atinge vossas células, moléculas e átomos no sentido anti-horário, dos pés à cabeça.

Que todos os reinos manifestem, por meio da fé, luz e poder maior que magnetiza a energia da perfeição.

Que todos os reinos reencontrem no sagrado a chama que determina um novo *momentum*, para que todos possam elevar a consciência brindando a vida.

Por meio da gratidão, conquistareis a chama que traz a leveza e, conscientemente, abraçareis as irradiações que emolduram este novo tempo de renascimento para reencontrar, pela fé, a força que revigora a sintonia única do processo da verdade infinita.

Amados Filhos, na sintonia do amor incondicional, manifestareis as energias que permeiam vosso novo alicerce; nos horizontes de vossas formas evolucionais, estareis dispostos a servir o sentido da igualdade; e na igualdade da vida, ancorareis vossa própria fé, e reconhecereis que o poder da unidade vos pertence, como todas as forças evolucionais e todas as energias da Mãe Natureza na Mãe Terra.

É chegado o momento de o verdadeiro poder abençoar toda a humanidade; o poder crístico; o poder individual; o poder da consciência de cada ser encarnado que escolhe viver um novo caminho, um novo tempo de mudanças.

Compartilhando luz, reconhecereis as energias que manifestam sabedoria e, neste renascimento, estareis aptos a servir as irradiações que fortalecem vossos caminhos e edificam vossas novas diretrizes pela pura chama do amor incondicional em ação.

É chegado o momento de exercitar o princípio máximo do silêncio. No mergulho da vossa mente, reencontrareis o cálice que brinda e sustenta a luz da sabedoria; na devoção a servir à vossa Mãe Terra e à vossa alma, reencontrareis as energias que brotam da vossa verdadeira fé.

Que possais elevar vossas mãos para o alto neste momento. Em nome, no poder e nas bênçãos de todos os seres, reativamos vossos chacras das mãos, para que possais abençoar e curar e, no poder do livre-arbítrio, reencontrar vossos princípios universais por meio da fé.

Que possais colocar a vossa mão direita sobre vossos corações e a mão esquerda acima da mão direita.

Em nome, no poder e na bênçãos de todos os seres, reativamos vosso chacra cardíaco no centro do peito, na presença do Pai, do Filho e do Espírito Santo, para que, pela luz do Grande Sol Central e da Grande Lua Central, todos os seres demonstrem o princípio universal da vida e manifestem, por meio da paz, a simbologia única que traz a verdadeira luz do poder, a chama crística de Deus-Pai-Mãe, que concede a vida e liberta todos os reinos encarnados a manifestar o Poder da Presença Eu Sou em ação. Assim, preservareis a consciência de Unidade, manifestareis o poder da fé e, na luz da vossa inteligência crística, atingireis a divindade; na força do vosso poder, atingireis a intuição e, no amor intuitivo, estareis aptos a servir as irradiações maiores que se irmanam mediante um novo *momentum*, em que todos os seres deverão manifestar a verdadeira chama da Iluminação.

Vossos corações devem estar cada vez mais próximos do coração de vossa Mãe Terra e, no pulsar crístico, por meio da luz, permanecereis centrados; e nas energias que mais uma vez obedecem às leis de Deus-Pai-Mãe, renascereis a cada instante de vossas evoluções, permeando a força do futuro sagrado, a chama da vossa consciência, para que vossas consciências tragam a verdadeira sabedoria à tona, e na luz do discernimento, todos os seres reencontrem o poder da Verdade.

Que neste momento de transformações e escolhas, possais ancorar as forças que permeiam este novo tempo; e que na luz da vossa mente crística, possais manifestar esta nova Idade do Ouro por meio da vossa consciência, que desperta e manifesta a liberdade de formas evolucionais pelas formas-pensamento, as quais emolduram a longevidade e a imortalidade, determinando um novo propósito, consolidando a graça no amor e na vossa própria paz interna.

Amados filhos, no conceito universal da vida, que possais vos lembrar de que sois sementes, sois um grão de areia no grande deserto da onipotente Mente Crística de Deus-Pai-Mãe.

Ao mesmo tempo, esse minúsculo grão de areia é grandioso em essência e em força, e esta força é o que vos traz o poder da longevidade e da imortalidade.

Que possais entender que a grande graça, bem como a grande oportunidade de estar em corpo tridimensional, é vislumbrar a força do impossível para muitos em corpo tridimensional.

O impossível para muitos é justamente a imortalidade.

Que possais entender que a verdadeira alquimia é transcender as crenças, fazer com que caiam as máscaras, é deixar com que a verdade venha à tona e permitir que as irradiações tonifiquem as energias que, mais uma vez, não mais justificam as atitudes errôneas do passado, mas sim vislumbrem, com simplicidade, a pureza da objetividade da vida e, com clareza mental, vislumbrareis o conceito maior que vos ilumina, para que determinados a servir vossa força e poder, possais renunciar a tudo que não condiz com as irradiações maiores deste único tempo de luz.

Por meio da Presença Eu Sou, reconhecereis o poder da vossa própria força e, na luz de vossos corações, estareis unidos com o batimento cardíaco de vossa Mãe Terra.

Mediante a harmonia, encontrareis a força da simplicidade e, em união com a Criação, manifestareis o poder que sustenta a verdadeira chama da imortalidade.

Amados Filhos, todos os seres encarnados vivenciarão este novo *momentum* e deverão estar cada vez mais confiantes com as irradiações, que são a expressão viva da unidade e da materialização de vossos sonhos e ideais.

Vivenciais o momento da colheita. Que possais então expandir a vossa consciência e vos preparar para receber tudo que plantastes nesta e em outras vidas; e vossos equívocos serão transmutados, vossos erros e vossas tarefas não edificantes também serão transmutados, pois o plano de Deus é o plano da Luz, o plano da misericórdia é a chama que traz o perdão, a luz do amor compassivo é a chama que impulsiona a energia que determina o poder da transmutação em ação. E quando eu assumi o Governo oculto do Mundo nos próximos 2 mil anos, em 1º de maio de 1954, foi para que todos os seres encarnados pudessem assumir a responsabilidade da transmutação de todo o erro passado, de todos os enganos; e que tudo seja transmutado pela dignidade crística da perfeição e da longevidade, da imortalidade e da força

de serem pilares que manifestam o conceito imortal, em que todos deverão vivenciar a plenitude da luz em corpo tridimensional.

Muitas serão as graças reveladas e muitas são as manifestações, mas para que elas ocorram, que possais buscar o silêncio, vivenciar e manifestar o silêncio, e reconhecereis que o poder do vosso livre-arbítrio reativa a partícula da Consciência Crística.

Que possais vos relembrar de que todas as noites, enquanto vossos corpos dormem, quem dorme é vosso ego-personalidade, pois vossa alma é eterna, vossa alma é atemporal. Vosso cordão de ouro vos leva a todas as outras esferas para que possais vislumbrar um novo futuro, enxergar uma nova diretriz, manifestar novas realidades, escolher novamente um novo tempo e uma nova energia, com dignidade, justiça, com amor incondicional e com a força enraizada pela luz da fé.

Por meio do poder manipulativo e do poder abusivo, a humanidade criou o caos.

Essa mesma lição deverá ser transmutada rapidamente, para que todos os seres encarnados possam conceber a atitude na fraternidade, na luz da imortalidade e na chama da força de compartilhar o amor incondicional .

A ciência vos revela descobertas para que possais viver melhor. A força da espiritualidade vos revela a sintonia da base da vida, a fé, a luz de Deus, o poder da vossa alma ancorada na luz da vossa mônada.

Por meio da força da Presença Eu Sou, reencontrareis o verdadeiro bálsamo, que não vive a ilusão do ego, mas se ergue e manifesta o poder da fé e da verdade na chama da misericórdia, que entoa um novo *momentum*, a luz que neste instante mostra o caminho único, para que todos os reinos possam fazer prevalecer a Unidade Divina pela luz do amor Incondicional em ação.

Visualizai vossos corpos e vidas transpassados na chama violeta.

Que possais vivenciar e ancorar a chama violeta, que possais atrair as energias do amor e que possais manifestar a paz.

Amados filhos, que possais vos relembrar de que as grandes descobertas do mundo e de vossas vidas ocorreram quando menos esperáveis.

Que possais compreender que nós, o Plano Espiritual, estamos atuando em prol da vossa longevidade e da vossa imortalidade.

Não devereis forçar o vosso caminho. Devereis apenas vos permitir fluir com a graça eterna a cada instante, e vereis que na leveza da vida e na graça da alegria, vivenciareis a plenitude do amor, a graça da saúde e a energia do reconhecimento de que sois seres crísticos em corpos tridimensionais, não ao contrário. A luz da Presença Eu Sou vos fala e consagra vossos corpos e vossas energias, para que possais atingir a verdadeira chama da iluminação.

Todos os seres ancoram o protótipo máximo da unidade; a luz da fé é a chama da devoção, o reconhecimento do Altíssimo é a força compartilhada pela luz da sabedoria, a energia que renasce por meio do poder da onipotência de Deus – todos são partículas vivas, faíscas da mesma luz, chispas crísticas do amor incondicional, **força que traz a semente de cada grão de areia, a luz de um novo *momentum* que germina mediante a consciência crística; que germina pela consciência crística; que germina por intermédio da consciência crística, e não admite nada que não seja ilimitado por meio do poder da imortalidade no plano maior da longevidade, da perfeição de Deus-Pai-Mãe.**

A luz da vossa Presença Eu Sou é a sintonia do caminho da transformação.

Que possais celebrar a força de vossas formas-pensamento, e no total poder da vossa fé, iluminareis o vosso potencial energético e atingireis as irradiações que reconhecem todo o poder máximo da Unidade infinita.

Amados filhos, palavras não mais são necessárias. Atuaremos em todos vós por toda a eternidade.

Que possais conceber, por meio do vosso caminho único, que a transformação ocorre quando vossas mentes entendem que tudo o que vivenciastes foram irradiações e escolhas do passado; e que neste instante tendes o poder de mudar, alterar as frequências e iniciar em vossa mente um novo ciclo, um novo tempo de mudanças e uma nova energia de manifestação. No potencial da iluminação, reconhecereis a sintonia da fé, e na força que se irmana pela da graça, manifestareis as energias e as bênçãos que se irmanam por intermédio de vossas formas evolucionais, para que todos os reinos sustentem amor incondicional e paz plena.

Visualizai à vossa frente o planeta Terra na chama verde da cura, dourada de uma nova consciência, violeta da transmutação e branca da paz, para que todos os seres, rapidamente, reformulem suas energias, expressem pelo livre-arbítrio a força máxima da sabedoria ancestral e da energia crística da perfeição.

Visualizai, por meio de vosso chacra frontal, um caudal de fogo violeta que envolve vossas vidas.

Visualizai, por intermédio de vosso chacra frontal, um caudal de luz verde-esmeralda que envolve vossas novas realidades.

Amados filhos, que nas forças da luz possais reconhecer o vosso poder; que na sintonia do silêncio, possais mergulhar e reencontrar o bálsamo da vossa misericórdia; e na energia que flameja e ancora o poder maior da vossa fé, possais renascer e, na luz do renascimento, atingir as energias da perfeição.

Nestes momentos de escolhas e mudanças, que possais professar, pela luz do livre-arbítrio, as energias maiores que trazem a sintonia que ressurge, reedifica, a irradiação máxima da imortalidade deste novo tempo de justiça e igualdade, fraternidade entre os homens e amor incondicional.

Retiramo-nos neste instante, membros da Grande Fraternidade Branca Universal, derramando sobre todos vós bênçãos de paz, amor e harmonia; e que nas irradiações crísticas do amor incondicional, possais continuar celebrando a vossa existência por meio da saúde e da vossa felicidade, hoje e por toda a eternidade. Que possais vos relembrar de que sois cocriadores de vossas realidades a cada instante; expandindo vossas consciências e corações, atraireis um novo ciclo de Graças e Abundância; e que **no fortalecimento de vossos preceitos e princípios, possais reencontrar o caminho rumo à vossa própria Paz.**

Amor e Luz,

Eu Sou Saint Germain.

Parte II
Ritual ao Conselho Cármico

Como Fazer Seu Ritual ao Conselho Cármico, Quando Escolhemos os Próximos 90 Dias de Nossas Vidas

O Conselho Cármico é formado por Seres de Luz que amparam a humanidade nestes momentos de transformação. Reúnem-se quatro vezes ao ano (no último dia de cada mês: março, junho, setembro e dezembro). A PRESENÇA "EU SOU" DE TODAS AS PESSOAS ENCARNADAS ENCONTRA-SE COM ESSES SERES PARA, JUNTOS, ESCOLHER NOSSOS DESTINOS PARA OS PRÓXIMOS TRÊS MESES. Todas as pessoas encarnadas, nesta noite, enquanto dormem, em corpo espiritual se encontram com os Seres de Luz responsáveis por todas as formas de evolução no planeta, e cada um ESCOLHE o que se propõe a fazer nos próximos três meses. Aproveite este dia para estabelecer seu compromisso interno com a sua Verdade e Força Vital, projetando, assim, no mundo externo, o potencial da sua alma: Felicidade, Harmonia, Saúde, Abundância, Realizações.

Ritual:

1. Em um papel de seda (papel para pipa), escreva a lápis seu nome de solteiro (nome de batismo) e data de nascimento.
2. Depois, escreva a frase: PEÇO PELA PAZ E PELA CURA UNIVERSAL. ENTÃO, ESCREVA SEUS PEDIDOS AO CONSELHO CÁRMICO. DOBRE O PAPEL E FAÇA UMA ORAÇÃO. EM SEGUIDA, QUEIME PRIMEIRO UM PAPEL EM BRANCO, DEPOIS O SEU PAPEL ESCRITO E

OUTRO EM BRANCO NO FINAL. SE VÁRIAS PESSOAS PARTICIPAREM DO RITUAL, QUEIME PRIMEIRO UM PAPEL EM BRANCO, DEPOIS TODOS OS ESCRITOS E, POR ÚLTIMO, OUTRO PAPEL EM BRANCO. SUGERIMOS A PRECE: "A GRANDE INVOCAÇÃO" (veja a seguir).

3. Durante o Ritual, mantenha sua atenção no elemento fogo, que purifica, transmuta e manifesta, pois são estes Seres que irão levar a frequência de seus pedidos ao Conselho Cármico.
4. A cada três meses, a humanidade se reúne com esses Seres de Luz da Fraternidade Branca Universal para revisar as diretrizes que foram escolhidas antes de nascer, e refazer novas diretrizes e escolhas. Os membros do Conselho Cármico são os Seres responsáveis por nos mostrar o livro da nossa vida e nos orientar sobre o que fizemos nos últimos três meses; e nós, segundo a maior lei universal, que é o livre-arbítrio, decidimos o que fazer nos próximos 90 dias, de acordo com o relato de nossas ações passadas.

Entre os membros do Conselho Cármico estão: Saithuru, o Manu da Sétima Raça Raiz (a próxima raça que vai encarnar na Terra); os Bem-Amados Mestres: Mestre Saint Germain e Mestra Portia (deusa da oportunidade e da justiça); Elohin Vista, o olho que tudo vê do quinto raio verde da cura; Palas Atenas, deusa da verdade; a bem-amada mãe Kwan Yin, deusa da misericórdia, dos milagres, da energia, da renovação, do perdão, da transmutação, da transformação e da abertura de caminhos; a bem-amada mestra Nada, a energia do raio Rubi-Dourado, do bem-amado Mestre Jesus, o Cristo, do amor devocional; e o bem-amado Arcanjo Miguel, que representa toda a grande hoste celestial; os Irmãos Interdimensionais e Interplanetários e a Presença Eu Sou de todos os seres humanos encarnados na Terra também estão presentes no Conselho Cármico. Mesmo que você não lembre o nome de nenhum ser, nem se recorde de nada quando acordar, não tem problema algum, toda a humanidade, independentemente da prática devocional ou da Fé, encontra-se com esses Seres de Luz para Transmutar o Carma. O Plano Espiritual é atemporal e sempre nos abençoa, estejamos conscientes ou não.

A Grande Invocação

Oração por Alice Bailey

Do Ponto e Luz na Mente de Deus, que flua Luz às Mentes dos Homens, e que a Luz desça à Terra.

Do Ponto de Amor no coração de Deus, que flua Amor ao coração dos Homens, que Cristo retorne à Terra.

Do centro onde a Vontade de Deus é conhecida, que o Propósito guie as pequenas Vontades dos Homens, Propósito que os Homens conhecem e servem.

Do centro, o qual chamamos a raça dos homens, que se realize o plano de Amor e de Luz, e se feche a porta onde se encontra o mal.

Que a Luz, o Amor e o Poder restabeleçam o Plano Divino sobre a Terra, hoje e por toda a Eternidade.

Amém!

Sobre a Autora

Carmen Balhestero é médium e sensitiva, bacharel em Letras. Todo o seu trabalho é voltado para a PAZ MUNDIAL, pensamento positivo, autocura, consciência e evolução humana. É fundamentado nos ensinamentos dos Mestres da Grande Fraternidade Branca Universal, com os quais tem contato desde pequena, principalmente do Mestre Saint Germain. Carmen canaliza e psicografa as mensagens desses Mestres há muitos anos.

É fundadora e dirigente da Fraternidade Pax Universal, um espaço metafísico em São Paulo/SP que funciona com 25 atividades gratuitas semanais, como palestras, meditações, cursos, atendimentos individuais e energizações. Para a pessoa participar, basta doar 1 kg de alimento não perecível ou roupa, que são encaminhados para oito Instituições que a Pax auxilia semanalmente. O espaço metafísico é universalista, trazendo palestrantes de todo o Brasil e exterior, facilitando a difusão dos ensinamentos na área metafísica.

Além de fundar a Fraternidade Pax Universal, em 1985, também é a precursora na organização das Conferências Internacionais de Metafísica no Brasil, sendo a primeira delas realizada em maio de 1988, no Festival de Wesak. Os contatos de Carmen com a Hierarquia da Grande Fraternidade Branca são realizados desde a sua infância, mas o chamado ao trabalho ocorreu efetivamente em 1981. Desde então, ela deu início a um intenso ciclo de atividades, como parte de sua missão, e passou a realizar palestras e cursos em diversas cidades do Brasil, Europa e Estados Unidos.

Em 1987, trabalhou voluntariamente durante sete meses no Instituto Louise Hay, em Los Angeles, com energização para doentes de Câncer e Aids, e, em 1989, durante um ano, no Spiritual Healing

Center, em São Francisco. No Brasil, continuou as Meditações pela Paz e Cura na Terra, base dos trabalhos da PAX que acontecem há 42 anos, sempre na sede dessa instituição.

Em 28 de setembro de 2001, em uma cerimônia com três integrantes da ONU na sede da PAX, a PAX foi escolhida como o primeiro local da América Latina a ter o PEACE POLE (Mastro da Paz, escrito em oito idiomas a frase: "QUE A PAZ PREVALESÇA SOBRE A TERRA"). O Mastro funciona como um ponto de acupuntura para curar a Terra, pelos trabalhos filantrópicos realizados em nome da PAZ PLANETÁRIA ao longo desses 42 anos.

Carmen NÃO atende pessoas individualmente, todo seu trabalho GRATUITO é em prol do bem comum. Tem ministrado o CURSO EM MILAGRES (A COURSE IN MIRACLES - NEW YORK, NY), desde 1995, na PAX e em várias capitais do Brasil. Esse curso é a transcrição das Mensagens do Bem-Amado Mestre Jesus para este novo milênio.

Foi durante sua fase de maior atividade em outros países que, estando em Mount Shasta, na Califórnia, pela primeira vez, Carmen recebeu a visita de Saint Germain, em 14 de fevereiro de 1988, e, para eliminar qualquer dúvida que ainda pudesse pairar sobre ela, Saint Germain conduziu-a pessoalmente ao Templo Violeta e Dourado — o Templo para onde Carmen se dirigia todas as noites, de qualquer lugar que estivesse, a fim de receber as instruções do Mestre. Foi também nesse encontro que Saint Germain lhe pediu que desse início à realização das Conferências Internacionais de Metafísica no Brasil. (Desde 1988, as conferências foram realizadas todos os anos, ininterruptamente, até 2003, totalizando 27 conferências).

As atividades de Carmen, tanto físicas quanto espirituais, seguiram em um ritmo bastante acelerado, impondo-lhe sempre muita disciplina e desprendimento. O que, no início, tinha o caráter de renúncia e abnegação, já que a vida comum lhe escapava cada vez mais ao controle, hoje é sentido como Perfeita Unidade, pois sua vida "comum" é o próprio serviço que presta à Grande Fraternidade Branca como Canal de Luz de todos os Mestres da Fraternidade Branca Universal, sendo especialmente escolhida e preparada por Saint Germain.

Como Dirigente Espiritual da Fraternidade Pax Universal, Carmen mantém as irradiações pela Paz e pela Cura Universal todas as quintas-feiras, às 15 horas, e todo primeiro sábado do mês, às 10 horas, além de organizar todas as atividades realizadas pela Pax.

Em julho 1988, criou a PAX TOUR a pedido do Mestre Saint Germain, e, desde então, leva pessoas para vivências espirituais em locais com fortes pontos energéticos para cura, resgate e ativação no planeta: Egito, Índia, México, Canadá, Marrocos, Grécia, Israel, França, Tailândia, Nepal, África do Sul, Havaí, Mount Shasta (EUA), Machu Picchu (Peru), Ilha de Páscoa (Chile), Stonehenge (Inglaterra), Caminho de Santiago de Compostela e também no Brasil, Berço da Nova Idade de Ouro.

Apresenta o programa "Encontros com Saint Germain" (@radio_mundial, 95,7 FM, ou www.radiomundial.com.br), todos os sábados, às 19h00.

Autora da Madras Editora, lançou os livros *Curso de Maestria e Ascensão – por Mestre Saint Germain*; *Milagres São Naturais – Manifeste o Seu*; *Milagres à Luz do Espírito Aloha*; *Cocriando com o Mestre Saint Germain*, *Meditando com as Lições do Curso em Milagres*, *Eu Sou Saint Germain* e *Canalizando com o Mestre Saint Germain*.

Facebook: PaxCarmenBalhestero
Instagram: @carmenbalhestero
Site: www.pax.org.br
E-mail: pax@pax.org.br